심리학으로 양념한
직관적 보고서 쓰기

유경원 지음

 차례

PART 1 : 잘 쓴 보고서

형식에 의심이 많은 한 직장인 / 6
잘 쓰면 좋겠다는 바람 / 10
이 정도면 잘 썼다 / 14
역량이 바닥을 드러낼 때까지 승진한다 / 16
글쓰기는 리더의 필수 조건 / 18
나의 언어의 한계가 나의 세계의 한계 / 20
직관적 보고서 / 23

PART 2 : 직관적 인식

보이지 않는 고릴라 / 28
뇌는 '변화'를 간파하고 '중요도'에 따라 선택한다 / 32
분석하기 / 34
단순함에 대한 집착 / 36
상사 탐구하기 : 상사의 뇌구조 / 41
단어 신상털기 : 단어를 뜯어보면 할 일이 보인다 / 48
신상털기 사례연구 : '기획하다' / 51
마인드텔링 / 53
시작은 메시지를 그리는 것 / 59
편향성 자가검증 / 64
"묻는 질문부터 먼저 답을 하라구!" / 69

PART 3 : 직관적 구조

논리적이란 / 72
두괄식은 불편하다 / 76
전체 본능 / 79
피라미드 구조론이 아닌 '피로최소원칙' / 82
MECE / 87
베껴 쓰는 MECE 분석도구 / 90
분석도구의 함정과 올바른 사용법 / 100
그룹화 기술 / 108

PART 4 : 직관적 표현

직관적 표현이란 / 112
표현할 때, 비로소 이해한다 / 114
인포그래픽 / 116
도해 활용의 효과 / 121
직관적 표현, 이미지 점검 4가지 포인트 / 127
활용하기 쉬운 도해 패턴들 / 132
정확한 메시지 전달을 위한 도해 검토 4가지 요소 / 139
의미를 찾는 데이터 분석 가이드 / 144
디자인 서식모음집 / 149
생각을 멈추게 하는 단어들 / 152

전문가에게 미사여구는 통하지 않는다 / 159
문법 / 161

PART 5 : 직관은 경험과 지식 축적의 결과

직관은 경험과 지식 축적의 결과 / 166
아는 만큼 보인다, 아는 만큼 쓸 수 있다 / 170
MBA 서적을 독서하듯 2~3번 읽어라 / 174
작성 역량을 키우는 습관 / 177

마치면서 / 180

PART 1

잘 쓴 보고서

형식에 의심이 많은 한 직장인

직장생활을 하면서 자료를 만들고 보고서를 쓰는 등 여러 형태의 글을 쓰는 작업은 지루하기 짝이 없는 일상 중 하나입니다. 즐거운 기억은 별로 없고 높은 수준의 보고서를 요구하는 직장상사 때문에 하루하루 힘들고 스트레스도 받곤 합니다.

"아빠가 하는 일이 뭔가요?"라는 아이의 질문에 '자료 만들고 메일 쓰는 것'이라고 답해도 틀린 말은 아닌 것 같습니다. 그렇게 직장인들은 항상 무언가를 쓰는데 열중하고 있나봅니다.

회사에서 요구하는 자료를 잘 만들고 보고서를 깔끔하게 작성하고 싶은데 마음만큼 손끝이 잘 따라주지 않습니다. 정해진 틀이 있다면 거기에 맞춰 잘 쓸 수 있을 것 같은데 매번 달라지는 작성자의 요구와 새로운 주제에 고심해야 하니 글쓰기는 점점 더 어려워집니다.

직장에서 글쓰기는 중요한 의사소통 수단 중 하나이고 핵심역량입니다. 그러나 이것은 쉽게 개선되지 않습니다. 시간이 흘러가면 직급도 따라 올라가면서 이런 고민이 조금씩 초초하게 와 닿기 시작합니다. 직장인들은 글쓰기에 있어, 직장생활의 많은 시간을 할애하고 있습니다. 그리고는 어떻게 하면 글을 잘 쓸지, 특히 업무보고를 잘 할 수 있을지에 대해 항상 고민합니다. 특히 내 상사와 주변 사람들이 좋아하는 글쓰기 방식과 시중의 글쓰기 가이드와는 괴리감이 있어 항상 누구의 말을 따라야 하는지에 대해 고민하게 됩니다.

여러 비즈니스 글쓰기 가이드에서 보고서는 두괄식으로 써야 한다고 강조합니다. 그런데 아이러니하게도 주변에 그렇게 글을 쓰는 사람은 잘 보이지 않습니다. 두괄식 형태로 글을 써도 글의 요지가 잘 드러나지 않게 쓰는 것도 문제라는 생각이 듭니다. 그리곤 두괄식으로 쓰는 게 왜 좋은지 머리로는 이해하지만, 이를 실제 업무에서 활용하기에는 어떠한 조건이 필요하다고 결론 내렸습니다. 바로, "글을 쓰는 사람과 글을 보는 사람 모두의 문제를 파악하고, 가설을 제시하고, 논리적인 근거를 주장하는 패턴에 익숙해져야 한다는 사실"입니다. 그렇지 않다면, 우린 전체를 먼저 설명하고 하나씩 문제를 파고 들어가는 미괄식 흐름에 좀 더 편안함을 느낍니다. 상대방도 두괄식에 익숙하지 않으면 두괄식은 무용지물이라는 뜻입니다. 이러한 조건들을 충족하지 않고서는 여전히 두괄식 좋다고만 외칠 순 없습니다. 때로는 열심히 준비한 두괄식 보고서가 몇 번의 빨간펜 수정을 거치고 나면 어느새 미괄식으로 둔갑해 있곤 합니다. 읽기 쉬운 글을 쓰는 것은 참으로 어려운 일입니다.

우리를 혼란스럽게 만드는 것은 또 하나 있습니다. 유명 컨설팅 회사나 경제학자가 고안해낸 분석도구를 접할 때면 어떠한 메시지를 표현하는지 알아내기 어려울 때가 많습니다. 사실 이러한 분석도구를 사용하는 것은 사람들의 호기심을 불러일으키고 논리적으로 표현하기 위함인데, 실제론 우리에게 의문점만 주게 되는 경우가 다반사입니다.

결국 이처럼 상사가 요구하는 질문들에 대한 답을 어떻게 글로서 엮어 가는가에 대한 직장인들의 고민이 글의 흐름을 만들고,

요점을 만들고, 구성을 창조해 내게 합니다. 여기에는 특정 영역, 예를 들면 데이터를 어떻게 가공하고 어떤 형태로 정리하는 게 효과적인지, 또한 내가 생각하는 메시지를 어떻게 전달하는 게 효과적일지에 대한 가이드가 있을 수 있겠으나 글의 흐름 전체에 공통적으로 적용가능한 가이드라인을 찾기는 어렵습니다. 아예 없다고 생각합니다. 단지 글을 쓰는 '나 자신'과 '상사(읽는 이)'와의 소리 없는 탐색전만 있을 뿐입니다.

듣는 사람이 생각하는 '이슈에 대한 가치(Value), 관심사항, 우선순위'가 어떤 메시지를 부각시키고, 어떤 목차를 가지고 갈 것인지를 결정하는데 가장 큰 역할을 한다는 의미입니다.

이 책에서는 글의 구조를 다루는 내용은 거의 언급되지 않고 있습니다. 어떤 목적의 글인지에 따라 글쓰기의 구조가 다를 뿐만 아니라, 그 구조라는 것도 자세히 들여다보면 공통적으로 적용할 만한 절대원칙이 존재하지 않기 때문입니다. 미리 짜여진 틀에 맞춰 글을 쓰고, 읽는 이의 특성을 고려하지 않고 일방적으로 메시지를 전달하는 것은 옳지 않습니다. 상대방이 누구인지에 따라 글의 구조를 새롭게 정의해야 합니다.

또한 이 책은 사람의 심리를 전문적으로 다루는 심리학 책도 아닙니다. 대신 글쓰기에 있어 상대방이 읽고 이해하기 쉽도록 알려주는 방법을 서술함에 있어 심리학 전문가들에 의해 밝혀진 여러 연구사례를 끌어들여 이를 소소한 팁으로 활용할 수 있게끔 하였습니다. 작은 팁들이 모이면 직장에서 보고서를 쓰는데 있어 자신만의 소중한 역량이자 자산이 될 것이라 믿습니다.

회사에서 머리가 쥐어터질 듯이 아이디어를 내는데 괴로워하기도 하고 때로는 즐기기도 하였던 과거를 되돌아보며, 글을 쓸 때 가장 필요한 것이 무엇인지를 인간적인 관점에서 탐구하고 정리한 방법을 공유하고자 본 책을 집필하였습니다.

잘 쓰면 좋겠다는 바람

　회사에서 벌어지는 업무의 종류는 종사하는 분야에 따라 무수히 많습니다. 사무실에서 근무하든 바깥 현장에 있든 공통적으로 발생하는 하루 일과의 한 부분은, 컴퓨터를 켜고 메일을 읽고 답장을 쓰고 회의를 하고 현황을 점검하고 지시를 받는 반복적인 일입니다. 메일에 답장을 쓰고 지시에 대한 수행결과를 보여주는 일들은 텍스트 형태로 정리되어 보고하게 될 것입니다. 그러니 자료를 어떻게 만들고 어떤 형태로 내용을 정리하여 보고서를 작성해야 할지에 대해 고민하는 일은 우리네 직장인들에게는 밥 먹는 것, 더 나아가서 숨 쉬는 것만큼 당연한 일상이라 봐도 과언이 아닐 것입니다.

　자 그러면 질문하겠습니다.
　"우리의 일상과도 같은 보고서 작성에 있어 어떤 보고서가 잘 쓴 보고서일까요? 과연 어떤 자료가 잘 만들어진 자료인가요?"
　저는 아마도 아래와 같은 보고서가 아닐까 싶습니다.

　　'궁금한 사항이 해소되는 보고서'
　　'한 눈에 쉽게 이해되는 보고서'
　　'간략하면서 할 얘기 다 하는 보고서'
　　'내용이 복잡하지 않으면서 쉽게 읽히는 보고서'

'글의 흐름이 자연스러운 보고서'
'글의 앞 뒤 내용이 논리적이고 주장이 확실한 보고서'
'신선한 아이디어가 들어간 보고서'
'일단 외모가 깔끔한 보고서' (깔끔한 그래픽, 정리된 단락 등)
'그림, 표 등의 오와 열이 흐트러짐이 없는 보고서'
'생각의 깊이가 담겨있는 보고서'
'두리뭉실하지 않고 손에 잡히는 얘기가 담긴 보고서'
'의미 전달이 확실한 보고서'
'핵심이 쉽게 파악되는 내용'

이제 다시 질문합니다.
"어떻게 해야 잘 쓸 수 있나요? 어떤 공부를 해야 하나요?"

- 차별화할 수 있는 새로운 아이디어 찾기
- 전달하고자 하는 메시지를 뽑기
- 데이터에서 핵심 간추리기
- 시각적으로 깔끔하게 표현하기
- 인상에 남는 메시지와 임팩트(Impact) 주기
- 매끄러운 스토리 만들기
- 경영진의 용어로 대화하기

위에서 언급된 방법 중 하나만으로도 수많은 관련 서적들을 쉽게 찾아볼 수 있습니다. 깊이 들어가면 연구논문도 찾아 볼 수 있겠지만 지금 우리에게 필요한 것은 업무현장에서 곧바로 활용할 수 있는 눈에 보이는 방법들입니다.

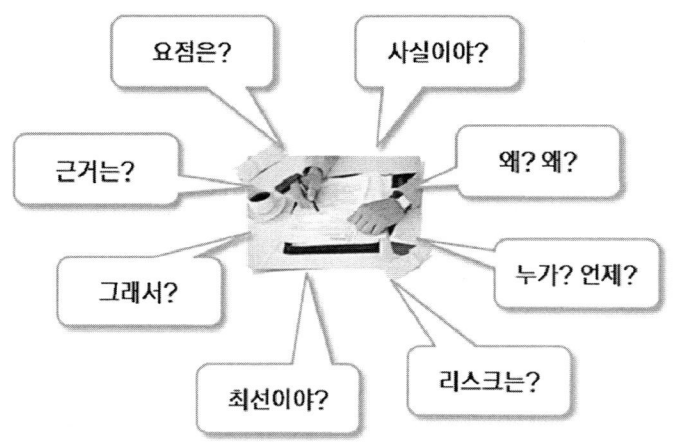

　보고서란 위 그림처럼 다양한 원칙들이 복합적으로 연결되어 생성된 하나의 결과물이라 볼 수 있습니다. 어느 원칙에 주안점을 줬느냐에 따라 다소 차이는 있겠지만 고려되지 않고 넘어가는 보고서에서는 결코 완성도를 기대할 수 없을 겁니다.

　삼성과 현대의 기업 문화가 다르듯이 각 기업별로 내부 보고서 스타일도 다르다는 것을 짐작할 수 있습니다. 일반 기업과 공공기관의 보고서 스타일도 다르고, 국내기업과 해외기업의 스타일도 또 다를 것입니다. 보고서를 어떻게 쓰는가에 대해 매번 벤치마킹 대상이 되는 국내 모 경제연구소의 보고서 스타일과 해외 유명 컨설팅 회사의 보고서 흐름도 똑같을 수는 없습니다. 우리의 생각은 시대의 흐름에 따라 끊임없이 새로운 자극을 받고 그에 따라 조금씩 달라집니다. 그렇다보니 보고를 받는 사람의 생각 역시 그 흐름과 함께 변화해 갑니다. 그러니 보고서 스타일을 겨우 직장상사 눈높이에 맞춰 놓아도 상사가 바뀌게 되면 기존의 보고서 스타일을 완전히 바꿔야 할 수도 있다는 사실에 너무 억울해 할 필요는 없을 것입니다.

그렇다면 위에서 의미하는 '스타일'이란 무엇일까요?

스타일(Style)이란 글의 구조에서 시작하여 넓게 의미하면, 직장상사나 고객(클라이언트)이 즐겨 사용하는 도형, 색감, 폰트 종류 등 시각적인 부분까지 글의 모양새 전체를 의미합니다.

한 페이지에 많은 내용을 넣어 전체 페이지를 줄이려는 구성도 있을 수 있겠고, 그 반대로 본문은 도식화와 주요 핵심어(Keyword)만 넣어 서너 페이지만 남기고 나머지는 모두 별첨으로 넘겨 버리는 구성의 스타일도 있겠습니다. 자신이 속한 그룹에서 원하는 스타일을 찾아 상황에 따라 맞추어 쓰는 것이 잘 쓴 보고서의 최소 요건이 될 것입니다.

이 정도면 잘 썼다

'잘 쓴 보고서'가 갖추어야 할 점은 공통적으로 몇 가지가 있습니다. 전후 생각의 흐름이 끊기지 않고 비약이 없는 '논리적 연결성', 했던 얘기를 또 하는 등 핵심을 겉돌거나 집중력을 떨어트리는 군더더기가 없는 '내용의 간결성', 시작부터 끝까지 문체 등에서 같은 형태를 유지하는 '일관성', 그리고 마지막으로 가장 어려운 것으로 남들과 '차별화'가 되는 창의적인 아이디어가 담겨 있는 뚜렷한 메시지. 즉, 방점(Impact)이 명확하게 드러나 있다면 잘 쓴 보고서의 요건을 훌륭하게 갖췄다고 할 수 있습니다.

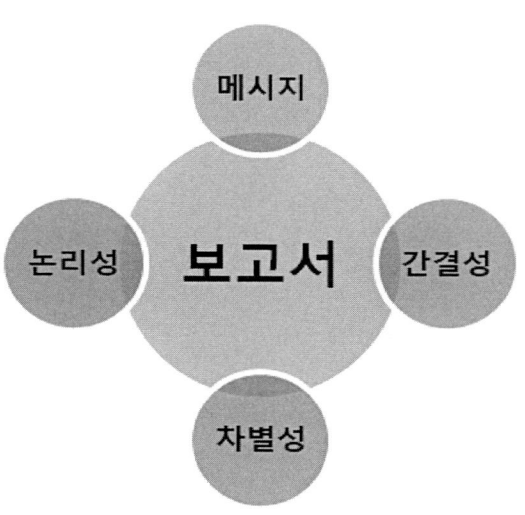

이 세상에 수학처럼 정해진 답을 가진 정형화된 문제가 있는 반면, '급변하는 환경변화에 따른 최선의 경영전략이 무엇인지?'처럼 정답이 없는 정형화되지 못한 문제들도 많이 존재합니다. 자료를 만들고 보고서를 작성하는 것도 정형화되지 못한 문제라고 볼 수 있습니다. 그렇기 때문에 똑같은 보고서라도 보는 시각에 따라 누구는 만족스럽다고 할 수 있겠지만 누군가는 어색하고 많이 부족하다고 느낄 것입니다.
　아무리 잘 작성된 보고서라 할지라도 남들 눈에는 부족함 점들이 보이기 때문에 우리는 보고서 작성에 관련된 도서를 찾고 남들은 어떻게 하는지를 살펴가며 공부를 해나갈 수 있는 것이라 생각합니다. 이러한 관점의 다양성 없다면 그것은 그것대로 지나치게 억압되고 비창조적인 조직과 사회라고밖에 볼 수 없습니다.

　사원 시절에는 보고서 쓸 일이 많지 않습니다. 그렇기 때문에 자신이 보고서 작성에 얼마만큼의 역량을 가지고 있는지 판단하기 어렵습니다. 게다가 보고서 작성 역량 향상을 위한 교육을 따로 받거나 하는 등의 기회도 많지 않았을 것입니다. 선배 사원들의 보고서를 반복해서 보거나 앞서 언급한 몇 가지 '잘 쓴 보고서'의 요건을 갖추고 있는지에 대해서도 깊이 고민하지는 못했을 것입니다. 여기에 더하여 마치 보고서 작성 역량은 타고나야 하는 듯, 몇 차례의 질책에 쉽게 좌절하게 된다면 더더욱 발전을 꾀하기 어렵습니다. 더욱이 우리들의 상사들은 보고서를 쓰는 업무는 주로 시킨 사람에게만 다시 시키는 경향을 가지고 있습니다. 이 글을 읽고 있는 직장인이라면, 직장생활이 끝나는 날까지 보고서를 써야 한다는 사실을 가슴깊이 잘 알고 있을 겁니다.

역량이 바닥을 드러낼 때까지 승진한다

　직급이 높아질수록 보고해야 할 상황은 점점 더 많아집니다. 또한 자료 준비와 보고서 작성은 분명히 개인의 업무 역량을 평가하는데 큰 비중을 차지하고 있습니다. 그렇기에 더 부담스러워지게 됩니다. 어떤 분들은 직급이 올라가면 내가 써야 하는 보고서가 줄어든다고 좋아할지도 모릅니다. 하지만 그 반대 상황에 대해서 고심해봐야 합니다. 자신의 후배 혹은 팀원이 쓴 보고서에서 핵심을 파악하고 문제점을 지적하고 개선해야 할 방향을 코칭해줘야 하기에 오히려 난이도가 올라갑니다. 역설적으로 들리겠지만, 우리는 우리의 역량이 바닥을 드러낼 때까지만 승진하게 되어있습니다.

　직장에서 대표적인 역량 향상으로 어학, 특히 영어를 꼽습니다. 영어 학습을 위해서 출퇴근 시간에도 이어폰을 끼고 중얼거리면서 꾸준히 머릿속에서 영어 문장들을 되새김질을 하고 있습니다. 그런데 보고서를 잘 쓰기 위해서 영어만큼이나 열심히 학습하는 사람은 그다지 많지 않을 것입니다. 글쓰기에 업무 스트레스를 받는다고 하면서 어떻게 하면 좀 더 잘 해볼까 고민하지 않고 역량 향상을 실천하지 않는 것을 보면 과연 보고서에 스트레스를 받는다고 불평하는 자신이 부끄럽지 않은지 되돌아 볼 필요가 있습니다.

　서점가를 둘러보면 보고서를 다루는 책은 꾸준하게 출간되고 있습니다. 저자가 어느 위치에 있던 사람인지에 따라 내용의 양태는 크게 달라집니다. 대통령에게 보고하는 글을 쓰는 사람부터 기업체의 대표이사, 고위 임원, 중간 관리자, 현장에서 전략 및 기획 업무를 병행하는 저자까지 다양합니다. 보는 눈높이와 각자의 경험에 따라 보고서를 바라보는 시선은 서로 다를 수밖에 없습니다. 그러나 눈높이가 달라도 하나의 공통 원칙은 있습니다. 바로 상대방이 무엇을 원하는지를 알아내고자 치열한 고민을 한다는 점입니다. 그 고민의 결과는 각자의 위치에서 하고 싶은 얘기가 아닌 상대방이 듣고 싶은 얘기를 하고 상대방이 이해하기 쉽게 만들어내는 것이라 생각합니다. 역지사지(易地思之)로 상대방을 배려하며 마음을 읽어 얻어낸 교감을 표현하는 작업이 바로 보고서를 쓰는 일입니다.

그렇다면 위에 언급한 많은 요건을 만족하는 보고서는 한마디로 과연 무엇일까요? 바로 '상대방(상사 혹은 고객)이 직관적으로 이해하고 OK하는 보고서'입니다. 우리는 앞으로 이러한 보고서를 도대체 어떻게 하면 작성할 수 있는지 차근차근 알아가 보겠습니다.

글쓰기는 리더의 필수 조건

잘 쓴 보고서가 직장에서 나에게 어떤 가치를 가져다줄까요? 업무 성과 관련 도서를 찾아 읽다 보면 그 책에 수없이 반복해서 나온 '성과'라는 단어를 '보고서'라는 단어로 바꿔도 전혀 어색함이 느껴지지 않는다는 사실을 아시는지요? 성과를 잘 낸다는 것은 보고서를 잘 쓰는 것과 일맥상통한다고 봅니다. 물론 없는 성과를 화려한 도식과 현란한 글솜씨로 포장한다는 의미는 결코 아닙니다. 그건 다른 성과 낼 시간을 좀먹는 '가짜 일'이기도 합니다.

제가 강조하고자 싶은 바는, 주변에서 서로 같은 현장을 보고 같은 성과를 내고서도 그 안에서 어떤 포인트를 끌어올려 어떤 메시지로 정리하여 보고하는지에 따라 무에서 유를 창조해내기도 하고 기껏 만들어놓은 유를 헛되이 만들어 버리기도 한다는 것입니다. 그것이 바로 보고서의 힘입니다. 보고 받고자 하는 사람이 듣고 싶은 이야기에 따라 나는 혹은 우리 팀원은 그저 반복되는 일을 했을 뿐이라고 평가받을 수도 있고, 모두가 하나 되어 창의력을 발휘하여 새로운 길(업적)을 걸었다(쌓았다)고 평가 받을 수도 있다는 뜻입니다. '아' 다르고 '어' 다르듯, 어떻게 표현하고 무엇을 전달하느냐에 따라 서로에게 위로와 격려가 되는 보고서가 되기도 합니다.

결론은 똑같은데 전달하는 과정에서 긍정적인 면을 찾고 남들이 보지 못하는 측면을 찾아내 표현해 주는 사람이 있고 그러한 사람이 바로 나의 리더라면 얼마나 직장에서 감사한 일이겠습니까? 또한 지금은 그런 리더가 없다 하여도 아쉬워할 시간은 아닙니다. 이제부터라도 내가 그런 리더가 되면 됩니다. 바꿔 말하자면, 리더가 되기 위해 글쓰기, 리포팅 능력(보고능력)은 선택이 아닌 필수가 되어야 한다는 것입니다.

나의 언어의 한계가 나의 세계의 한계

나의 언어의 한계가 나의 세계의 한계

- 비트겐슈타인

위 문장은, 내가 생각하고도 표현할 수 없다면 사람들은 내가 무슨 생각을 하고 있는지 알 수 없을 것이라는 의미와 내가 말로써 무언가를 제대로 표현해내지 못하면 그것에 대해 깊이 있게 고민하지 못했다는 것임을 의미하게 해줍니다.

'유레카!'라고 외치며 직관적으로 떠오른 진리라 할지라도 이를 표현해 내지 못하면 그것만큼 괴로운 일은 없을 것입니다. 어떤 단어가 떠오르지 않는다면, 다른 것과 비교하거나 유사한 사례를 찾거나 비유적인 표현도 좋겠지만 그것마저도 잘 떠오르지 않는다면 그것은 그 나름대로 숨 막히는 일인지도 모릅니다. 이렇듯 나의 가려운 곳을 긁어줄 수 있는 특정 단어를 생각해 내느냐 마느냐는 나의 생각을 전달하는데 있어 매우 중요한 것이기에 새삼 언어의 중요성을 일깨워주는 명언이 아닐 수 없습니다.

회사에서의 언어는 결국 보고서로 이어집니다. 보고서의 위력을 다른 관점에서 보고나니 이제 더 보고서 쓰기가 더 무서워진다고 말씀하실 분들도 있을 듯합니다. 직장에서 나를 알리는 길이 첫 번째는 성과를 내는 것임은 분명합니다. 하지만 그 성과를 어떻게 보고하는가도 직장에서는 보다 넓은 의미에서 성과로 인식됩니다. 어쩌면 누군가는 성과보다 더 중요한 일이라고도 할 것입니다. 만약 업무성과는 정말 훌륭한데 보고가 서툴러서 일부로 한 발 뒤로 물러서거나 다른 사람에게 그 공로를 뺏겨 버린다면 그건 정말로 안타까운 일일 것입니다. 성과도 보고를 통해 인지하고 전파되기 때문에 보고 과정이 매끄럽지 못하거나 엉뚱한 부분을 강조하게 되면 애써 달성한 성과는 빛을 보지 못하고 잊혀지게 됩니다.

보고서를 잘 쓰기 위해서 어떻게 하면 글 쓰는 능력을 키울까에 대한 얘기하기 전에 왜 글을 잘 써야하는지에 대해 함께 생각해 보았습니다. 이 부분을 서로 공감하지 못하면 아무리 잘 쓰는 방법을 얘기해도 의미가 없기 때문입니다. 그리고 사실 잘 쓰는 방법은 너무나도 단순하기 때문에 굳이 부각하려 하지 않은 이유도 있습니다. 잘 쓰기 위한 방법은 많이 써 보는 것 밖에 없다는 진리이지요. 또한 그 과정에서 많이 혼나보는 것도 옵션사항이라고 하겠습니다.

항상 긍정적으로 가르침을 받는다는 생각으로 괴롭고 어지러운 상사의 피드백을 수첩과 마음속에 새기지 못한다면 새로이 얻을 수 있는 것도 얻지 못할 것입니다. 우리는 직장인이고 직장에 있는 한, 자료를 만들고 정리하고 보고하는 일은 끝까지 나를 괴롭힐 것이고 업무를 위한 보고서를 잘 쓰고자 이 책을 들었다면 실제 많이 써 보아야 합니다.

시키지도 않은 보고서를 쓴다? 보고서를 쓰는 일이 결코 즐거운 일이 아님은 맞습니다. 하지만 일이 닥쳤을 때 단 한 페이지를 쓰더라도 나는 이렇게 해 보겠다고 정리한 나의 생각과 비즈니스 글쓰기 관련 책을 사이에 두고 과연 저 책의 저자라면 어떻게 처리했을지 그 사고(思考) 과정을 좇아가 보면서 지금 눈앞에 펼쳐진 보고서에 적용해 보라는 것입니다. 그렇게 몇 차례 반복적으로 하다보면 나의 생각은 지침으로 바뀌고 다시 나만의 스타일로 굳어지게 됩니다. 더 나아가 그런 부분들이 누적되면 관심있게 보지 않았던 옆 동료가 어느 순간 당신의 보고서에서 독보적인 아이디어와 뛰어난 직관을 가졌음에 놀라워할지도 모릅니다. 한 사람의 천재성과 직관(통찰력)은 단지 그 사람이 가진 풍부한 경험과 학습된 지식의 결과가 서서히 밖으로 표출되는 것이기 때문이지요.

 **직관적 보고서**

저는 국립국어원을 사랑합니다. 특히 단어의 정의를 공부하는 것은 글쓰기의 기본이라고 생각합니다. 눈으로 입력된 텍스트는 생각의 시발점이 되고 철학의 뿌리가 됩니다. 국립국어원에서 정의하는 직관(直觀)의 의미는 다음과 같습니다.

'*직관(直觀) : 감각, 경험, 연상, 판단, 추리 따위의 사유 작용을 거치지 아니하고 대상을 직접적으로 파악하는 작용.*'

직관이라는 단어에 부정적인 의미는 별로 없습니다. 하지만 딱히 긍정적이라고도 하지 않습니다. 그 실체가 무엇인지 분명하게 알지 못하면서 부정인지 긍정인지를 판단한다는 시도는 어쩌면 말도 안 되는 일입니다. 누군가 "내가 직관적으로 판단하건대…"라고 하는 경우, 이는 분명 논리적이라고 볼 수는 없지만 그 결정을 폄하하기 어려우면서 또한 쉽게 거스를 수 없는 아우라(Aura)를 느끼곤 합니다. 이는 '직관이 틀렸다'라는 논리는 만들 수 없기 때문이라고 생각합니다.

'어떠한 물건이 안 팔리는 이유는 사람들이 안 사기 때문이다.'라는 문장처럼 합리적이지도 않으면서 말이 되는 문장이 존재하기 때문이죠. 이렇듯 직관과 논리는 서로 섞이지 않는 물과 기름입니다. 그래서 어떤 경우엔 생각하기 싫거나 인과관계가 명확하지 않거나 합리적인 이유를 찾기 어려울 때 직관이라는 구실 좋은 핑계를 대기도 합니다. 극단적으로 바꿔 얘기하면 '명확한 이유를 설명하기 귀찮은데 그냥 내가 보기에'라고 해도 누군가가 강력하게 틀렸다고 반증할 수 없는 것입니다.

하지만 직관이라는 단어를 아무나 쉽게 쓸 수는 없습니다. 아이러니하게도 직관을 발휘하기 위해서는 앞서 국어사전에서 언급한 "감각, 경험, 연상, 판단, 추리 따위"를 겪어 보지 않고는 결코 나올 수 없는 것이기 때문입니다. 한두 번 경험으로도 어렵습니다. 머리를 감싸쥐고 잠 못 이루는 사고(思考)의 고통을 겪어본 자만이 고민에 빠졌을 때, 한 줄기 서광처럼 뇌리에 꽂혀 눈앞에 나타나는 게 바로 '직관'입니다.

우리가 '직관적으로 알았다'라는 것은 내가 그것에 대해 본질을 이해하기 위한 여러 단계를 순간적으로 뛰어넘어 어려움 없이 받아들였다는 흐뭇한 경험이라는 것으로 받아들여집니다. 직관은, 예술과 과학을 결합시키거나 수학 법칙에서 음악적 선율을 찾아내기도 합니다. 여러 단계를 뛰어넘기도 하고 창조를 해내기도 합니다. 두 세계에 대한 통찰력이 필요한 순간 비로소 직관이 작동할 것입니다.

문제의 본질이라고 할 수 있는 심상이 나타난다.
말이나 숫자는 이것을 표현하는 수단에 불과하다.
– 아인슈타인

직관은 참으로 어려운 단어입니다. 2년 전, 인공지능(AI)에 대한 대중의 폭발적인 관심은 구글(Google)의 인공지능 프로그램 연구회사인 딥마인드(DeepMind Technologies Limited.)에서 개발한 '알파고(AlpaGo)'와 인간과의 바둑대결 이후 본격적으로 시작되었습니다. 알파고의 묘수는 수백, 수천만 가지 (바둑판에서의) 경우의 수를 미리 읽고 가장 승률이 높은 쪽에 배팅하는 학습된 알고리즘이겠으나, AI의 궁극적인 목표는 모든 경우의 수를 따져보지 못한 상황에서 무엇이 최선인지를 결정하는 능력, 즉 '직관'을 가지는데 있을 것입니다. 그래서 직관이 인간만이 가지는 것이라면 알파고는 이를 흉내 낸 '가상의 직관(Virtual intuition)'이라고 부를 수도 있겠네요. 지속적인 기술개발을 통해 인공지능이 과연 어디까지 향상되어야 직관을 얻었다고 할 수 있을까요? 또한 직관이 있다없다를 어떻게 판단해야 할지 등에 대해서는 아직은 해결 불가능한 철학의 영역으로 보여집니다.

뇌 과학자들은 직관이라는 것을, 우리가 모두 다시 꺼내지 못할 만큼의 무한에 가까운 기억저장소의 정보에서 종합판단을 내리게 하는 무의식적인 행위라고 일컫습니다. 논리적인 단계를 거치는 것과는 반대의 개념이라고 볼 수 있습니다. 그런데 우리는 이미 알파고의 바둑실력을 통해 우리가 직접 눈으로 본 바, 어쩌면 직관도 학습될 수 있지 않을까라는 생각을 하기 시작했습니다. 기계는 불가능하다는 것에서 크게 한 걸음 나간 것에 놀라워해야 할 것입니다. 그리고 연산능력과 데이터 처리속도가 더 빨라지고 혁신적인 알고리즘이 개발되어 인공지능(AI)이 진화한다면 빛의 속도만큼 빠른 계산의 결과와 직관은 서로 구분할 수 없게 될 것이라고도 생각합니다.

다시 직관적 보고서 쓰기로 돌아가 보겠습니다. 생각의 흐름이 막히지 않고 쉽게 이해되어 기억되는 보고서. 어찌 보면 굳이 이유를 설명할 필요도 없는 모든 글쓰기의 당연한 원칙이면서 이 세상 모든 글쓴이들의 희망사항이지만, 실제 업무와는 동떨어져 보입니다. 그런 보고서에는 어떤 공통점이 있는지, 또한 어떻게 작성하면 도움이 될지 저의 경험들을 본격적으로 털어 밝히고자 합니다.

Any intelligent fool can make things bigger and more complex …
it takes a touch of genius - and a lot of courage - to move in the opposite direction.
(어떤 지적인 바보도 사물을 더 크고 보다 복잡하게 만들 수 있다. 그러나 그 반대편으로 나아가기 위해서는 천재의 손길과 많은 용기가 필요하다.)
- Albert Einstein

PART 2

직관적 인식

 **보이지 않는 고릴라**

"그게 눈에 보이지 않니? 페이지마다 툭툭 눈에 걸리니 진도를 나갈 수가 없어."

"우리 솔직하게 얘기해 보자. 내가 이상한 건지 자네들이 이상한 건지. 이런 걸 하나하나 가르치는 것도 힘들지만 듣는 사람도 피곤할 텐데 왜 잘 안 고쳐지지?"

자료를 살펴보면서 글의 구성, 명확하지 않은 메시지, 앞뒤가 맞지 않는 오류, 잘못된 표기 등 얼마 전에 들었던 잔소리를 또 듣습니다. 그런데도 듣고 있으면 딱히 틀린 말도 없으니 고개를 끄덕이며 수긍을 하긴 하는데 내가 삐딱하게 반항하려고 일부러 그렇게 한 것도 아니기에 잘못한 점을 인정하고 싶지는 않습니다. 다만 걱정스러운 점은 다음에 다시 보고서를 쓰게 되더라도 지금 잘못했던 상황은 별반 달라지지 않을 것 같다는 것입니다.

내가 공들여 정리한 문서를 다른 누군가는 보자마자 몇 가지 잘못된 점을 지적해 내곤 합니다. 이런 점을 주의해서 살펴봐야 한다며 미리 점검 항목을 되새기면 조금 개선되기도 하지만 완전히 해소되지는 않습니다. 상사가 지적한 보고서의 문제가 내 눈에 보이지 않는 것은 여전히 안 보이는데 어쩜 그리 상사나 다른 사람들의 눈에는 그렇게 쉽게 보이는지? 이런 일에 난 소질이 없는 건 아닌지 자괴감마저 들기도 합니다.

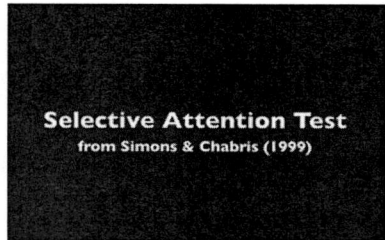

[보이지 않는 고릴라 실험 (1999)]

1999년 하버드대 심리학자인 대니얼 사이먼스(Daniel Simons)와 크리스토퍼 차브리스(Christopher Chabris)는 인지심리학을 대중에게 알리고 지금까지도 이 분야의 교과서로 활용되고 있는 유명한 실험을 설계합니다. 바로 '보이지 않는 고릴라 실험'입니다. 실험은 이렇습니다. 6명의 학생들을 두 팀으로 나누고 한 팀에는 흰색 셔츠를, 다른 팀에는 검은색 셔츠를 입힌 후 간단히 서로 농구공을 패스하게 하는 게임을 시킵니다. 그리고 이 게임을 동영상으로 1분 정도 촬영하였고 다시 촬영된 영상으로 실험을 진행합니다. 피실험자에게 흰색셔츠를 입은 팀의 패스횟수를 세도록 요청하였습니다. 그리고 영상이 끝난 후 조금 엉뚱한 질문을 합니다. "혹시 영상 중에 특이한 것을 보았는지요?"

사실 실험의 목적은 1분 가량의 영상 중 약 9초간 나오는 검정색 고릴라를 보았는지를 확인하는 실험이었습니다. 검은색 복장을 한 고릴라는 패스게임을 하는 학생들 사이를 유유히 걸어갈 뿐만 아니라 나를 좀 봐달라는 듯 가슴을 두드리기도 합니다. 그런데도 고릴라를 본 학생들의 비율은 채 50%를 넘지 못하였다고 합니다.

"도대체 내가 그걸 왜 못 본 거지?" 피실험자들이 고릴라를 보지 못한 것은 흰색팀의 패스에 집중하라는 지시에 따라 자기가 보려고 하는 것에 집중하여 다른 주변 환경에 대한 주의력이 떨어진 결과입니다. 즉, 보려고 한 것만 보았고 눈으로 보고 있다고 하여 다 보았다는 것은 절대 아니라는 것입니다. 이는 '특정 부분에 주의를 집중하고 있을 때 예상치 못한 사물이 나타나면 이를 알아차리지 못 한다'는 '무주의 맹시(Inattentional Blindness)'라는 심리현상입니다. (〈보이지 않는 고릴라〉, 2011, 대니얼 사이먼스)

주의력은 오랜 진화를 통해 모든 동물이 가지고 있는 가장 중요한 능력 중의 하나입니다. 야생의 동물은 딱 두 가지를 보려고 할 것입니다. 나를 잡아먹는 포식자와 내가 먹을 수 있는 식량 정도가 아닐까 생각됩니다. 내가 살기 위해 주위의 변화를 감지하는 능력을 키워왔고 먹을 수 있는 것을 찾는데 주의를 집중하는 능력을 키워왔다는 것입니다. 그런 능력이 인간에게만큼은 조금 다르게 진화해 왔습니다. 특히 우리의 뇌가 처리할 수 있는 정보의 한계를 넘기 시작하고 직접적으로 먹고 살기 위한 문제에서 벗어나면서 일상생활 중 벌어지는 많은 문제에서 관심갖는 부분이 저마다 달라지기 시작합니다. 포식자가 아닌 다른 곳에 집중하기 시작한 것입니다. 그렇게 발달된 주의력은 사람마다 독특하게 적응되어 갑니다.

사람들이 길을 걸어가다 흘러나오는 음악을 듣습니다. 그리고 시간이 지난 후 저마다 가지고 있는 기억은 서로 다릅니다. 누군가는 음악을 기억하지 못합니다. 누군가는 음악이 있었다고만 기억합니다. 그리고 누군가는 클래식 음악이었고 누구의 작품이었고 어떤 악기소리가 들렸는지, 심지어 그날의 날씨까지도 기억합니다.

도대체 이런 차이는 어디서 오는 것일까요? 클래식 음악을 좋아하는 사람이 자기가 아는 음악이 귀에 들어왔다면 더 많은 정보를 기억하고 있을 것이라는 점을 짐작할 수 있습니다. 우리가 주의를 집중한다는 의미는 여기서 비롯된 것이라 생각합니다.

심리학 관련해서 '주의(Attention)'에 대해 좀 더 살펴볼까요? 인지심리학자 대니얼 레비틴(Daniel J. Levitin)은 주의에 대해 이런 연구결과를 발표합니다.

주변 환경에 대한 주의를 위해 수백만 개의 뉴런이 쉬지 않고 환경을 감시하면서 우리가 집중해야 할 가장 중요한 일들을 골라내고 있다. 이 뉴런들이 모여 주의 필터(Attentional Filter)를 구성한다. 고속도로에서 안전운전을 위해 집중할 때 주변 환경이 기억나지 않는 것은 주의 시스템(Attentional system)이 당신을 보호하고 있기 때문인 것이다.

주의 필터의 가장 중요한 두 가지 원칙은 '변화'와 '중요도'다. 뇌의 변화 감지기는 우리가 알게 모르게 항상 작동하고 있고 주관적으로 느끼는 중요도에 따라 어떤 정보는 통과시키고, 어떤 정보는 무시하게 된다는 것이다. (《정리하는 뇌》, 2015, 대니얼 레비틴)

뇌는 '변화'를 간파하고 '중요도'에 따라 선택한다

맨 처음 잔소리 얘기로 되돌아가보겠습니다. 어떤 사람의 눈에는 보이는 변화가 어떤 사람의 눈에는 보이지 않는다는 게 조금은 이해가 갑니다. 폰트크기, 색상, 줄 간격부터 일관된 문체, 메시지가 드러나는 그래프, 논리적 구조와 적절한 그룹화. 이러한 것들이 우리가 놓치는 고릴라입니다.

잠시 학창시절을 떠올려 봅니다. 언어 영역 시험, 길고 긴 지문을 읽고 문제를 풀려는데 너무 빨리 읽어 내려온 건지 문제와 관련된 내용이 떠오르질 않습니다. 그리고 다시 올라가 이리저리 찾다보니 정답과 관련된 지문 내용을 찾아냅니다. 반대로 문제를 먼저 읽고 지문으로 올라가면 의외로 정답과 관련된 문장들을 수월하게 찾을 수 있습니다. 무엇을 찾아야 하는지 알려주고 지문을 읽는 것과 그렇지 않은 것의 차이라 할 수 있습니다.

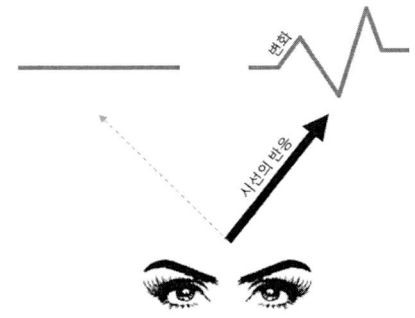

[변화는 반응을 끌어들인다]

누구든 처음부터 고릴라를 찾으려고 했다면 너무나도 쉽게 찾을 수 있을 것이라 생각합니다. 하지만 진짜 고릴라 같은 우리네 상사는 그렇게 세세한 지시를 하지 않네요. 냉혹하다 할 수 있겠지만, 상사들은 그러한 지시를 반복해서 할 바에 차라리 그게 보이는 사람을 찾아서 쓰는 게 더 현명한 판단일 거라 여길 겁니다.

그렇다고 마냥 넋 놓고 어찌할 바를 모른 채 서 있을 수는 없는 노릇입니다. 변화가 보이지 않는 것은 내가 중요하다고 생각하고 있지 않기 때문입니다. 중요도를 바꾸기 위해서 필요한 건 경험이고 그것을 쌓기 위한 시간입니다. 사실 경험을 쌓으라는 조언은 당장 일을 처리해야 하고 인정받고 싶은데 시간이 없다고 생각하는 초보자에게는 대단히 당혹스러운 조언이라고 할 수 있습니다. 경험은 어제와 오늘을 비교하면 그 차이가 느껴지지 않겠지만 우리는 분명 경험이 부족한 사람과 경험이 많은 사람의 차이는 알고 구별할 수는 있습니다. 그리고 나의 주관적인 중요도가 무엇인지를 고민하고 나의 주의에 항상 넣는 연습을 하라고 조언합니다. 상사의 반복되는 지적을 메모하고, 체크리스트를 만들고, 주변 사람들에게 미리 조언을 구해볼 수도 있습니다. 무턱대고 접근하면 머릿속은 무엇을 찾아야 할지 방향을 헤매며, 보이지 않는 고릴라 실험에서 패스횟수만을 세고 있는 팀원이 된 나를 발견하게 될 뿐입니다.

소질이 없다하기 전에 모든 문서작업 소프트웨어에 기본으로 깔려있는 맞춤법 검사는 제대로 하는지, 만약 하지 않는다면 왜 하지 않는지 자신을 되돌아보는 기본적인 자세가 필요한 시점입니다.

 **분석하기**

 변화와 중요도를 문서작성 기법에서도 바로 활용할 수 있습니다. 예를 들면 '분석하라'는 검토 건입니다. 문제를 분석하라는 지시를 받았을 때 당황하지 않고 아래와 같은 가이드를 따르면 해결해 나가는데 대단히 수월해지게 됩니다.

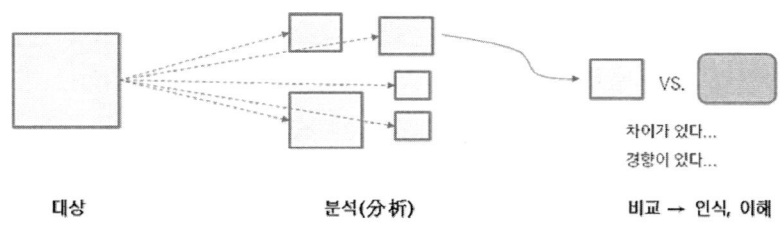

[분석하기 = 나누기 + 비교하기]

 '분석(分析)'에 대한 한자어를 풀이하면 일단 나누는 것에서 시작합니다. 세부적으로 파고 들어가는 것이지요. 문제를 세부적으로 쪼개는 작업은 핵심 문제를 추출하기 위함입니다. 나눠진 모든 문제를 전부 다루겠다고도 할 수 있겠지만 대부분 이는 효율적이지 못합니다. 결과에 영향이 가장 큰 핵심 문제를 파악하고 그 문제를 해결하는데 집중하는게 통상적인 문제해결의 과정입니다.
 우리가 흔히 알고 있는 '80:20 법칙[1]'이 이런 통계적 데이터를 기반으로 나온 법칙이라고 할 것입니다. 어떤 문제가 핵심 문제인지를 파악하는 것은 별개 문제로 보고, 여기서는 이를 표현하는데 다시 돌아가겠습니다.

이렇게 발굴된 핵심 문제를 이해하기 위해서 혹은 남들에게 이해시켜 주기 위해서 가장 좋은 방법은 '변화'를 찾아내는 것입니다. 데이터 자체에서 변경점을 찾는 것도 좋지만, 보다 용이하면서 효과가 좋은 방법이 있습니다. 바로 상대방이 알고 있는 비교대상을 찾아 차이점을 찾아내는 것입니다. 이는 상대방이 정확하게 본래 문제를 이해하게끔 도와줍니다. 재미있는 점은 사람들은 흔히 비교할 때 심리적으로 자신이 그 문제를 이해했다고 착각하기도 한다는 점입니다. 이해했다고 하면서도 다시 그 문제를 설명해 보라고 하면 제대로 설명하지 못하는 경우가 다반사입니다. 역설적으로, 그만큼 비교의 힘은 유용하며 강력합니다.

---

1) 파레토 법칙(Pareto's Law) ; 소득분포에 관한 통계적 법칙으로서 경제학자 파레토가 유럽제국의 조사에서 얻은 경험적 법칙. 전체 성과의 대부분(80%)이 실은 몇 가지의 소수의 요소(20%)에 의존한다는 뜻을 갖고 있다. 소득분포 외에 다른 현상에도 적용되기도 한다.

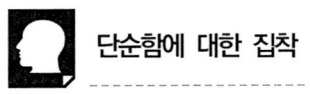 **단순함에 대한 집착**

시간이 없어 짧게 쓰지 못해 미안하네.
― 마크 트웨인

어떤 지적인 바보도 뭔가를 더 크고 더 복잡하게 만들기는 쉬우나 그 반대로 가기 위해서는 많은 용기와 천재적인 손길이 필요하다.
― 알버트 아인슈타인

단순한 게 복잡한 것보다 어렵습니다. 분명하게 생각하고 단순하게 만들려면 열심히 해야 합니다. 끝에 가면 그만한 가치가 있고 산도 움직일 수 있을 정도가 됩니다.
― 스티브 잡스

   모두 공통적으로 '단순함'에 대해 강조하고 있는 명언입니다. 이 중에서도 저는 첫 번째 마크 트웨인의 명언이 좀 더 쉽게 인지되고 기억에 오래 남습니다. 왜 그럴까 곰곰이 생각해 보면 반어적인 표현으로 관심을 끄는 것, 그리고 그게 더 짧고 단순하기 때문인 것 같습니다. 짧다는 것은 이리저리 길을 둘러 가지 않고 원하는 목표지점으로 곧장 돌진하는 것과 같습니다. 또한 해결하고자 하는 문제와 전달하고자 하는 의미가 무엇이며 가장 영향력이 큰 핵심은 무엇인지를 정확하게 파악하고 있다는 증거로 그 문제에 대한 치열한 고민의 결과라고 할 수 있습니다.

사회는 복잡해지고 정보통신은 발달해지니 정보의 홍수를 넘어 정보의 쓰나미 시대에 살고 있습니다. 직장 업무를 시작하고 연차가 늘어나고 직급이 올라갈수록, 관여하는 부분은 점차 넓어집니다. 업무 하나도 어려워하던 신입사원 시절에서 어느덧 대여섯 개의 일을 동시에 하고 있는 지금의 내 모습을 발견하게 됩니다. 아마 지금에도 저의 직장상사, 임원들은 수십 개의 일을 동시에 챙기고 있을 것입니다. 이렇듯 업무 연한(年限)과 비례해 활동범위가 넓어지면서 관리해야 할 범위도 넓어지는 것은 지극히 자연스러운 과정으로 생각됩니다. 관리의 범위가 넓어지면 파악하고 있어야 할 범위도 넓어지고 들어오는 정보의 양도 많아지게 됩니다. 그런 상황에 놓이게 되면 정보를 어떻게 효율적으로 취사선택하는가도 중요한 문제가 되고, 역으로 짧은 시간에 어떻게 하면 많은 정보를 정확하게 전달할 수 있는지도 중요한 역량이 됩니다. 정보를 빠르게 파악하고 다음 업무의 진행을 위해서 그 정보를 다시 필요로 하는 사람에게 빠르게 전달하도록 해야 할 것입니다. 그러므로 정보전달의 방법으로써 문서작성 역량은 비즈니스 커뮤니케이션에서 가장 주요한 위치에 계속 머무를 것입니다.

문서 작성 역량, 어떻게 키워야 하는가? 정제된 문서로 만드는 방법을 가르쳐 주는 교과서라도 있을까? 교과서와 답은 있다고 생각하지만 다양한 직업군과 자신의 업무에 딱 맞춰주는 정답은 없습니다. 경영의 주요 문제인 조직관리, 성과창출, 리더십, 노사 등 수많은 무형적인 문제들의 정답은 없습니다. 복잡한 주변 환경 요인이 나의 생각과 복합적으로 작용하여 탄생되는 화합물인 것입니다. 그냥 섞여 있는 혼합물이 아닌 서로 반응하여 일체가 되거나 다른 성질로 바뀐 화합물 말입니다. 그리고 그런 과정에서 추구해야 할 대원칙은 바로 '단순함'입니다.

아이폰을 창조한 스티브잡스는 그 성격이 괴팍하고 임직원들을 힘들게 하는 지독한 경영자(CEO)로 소문나 있습니다. 하지만 그의 심플함에 대한 철학만큼은 누구도 거스를 수 없었습니다. 아이팟(iPod)과 아이폰(iPhone)이라는 단순한 이름을 찾는 첫 과정에서부터 전자기기의 모든 기능을 단순화시켜 제품 하나에 적용시키는 천재적 노력까지 그의 업적은 가히 전설적이라고 할 수 있습니다. 당시 스티브 잡스는 여러 디자이너들과 함께 작업을 하였고 많은 포트폴리오가 제시되었지만 디자이너들은 잡스의 철학을 누르기에는 역부족이었나 봅니다. 지나치게 단순한 사용자 인터페이스로 인해 혹자는 너무 큰 위험을 가지고 있다고 하였으나 결국 잡스의 생각에 시장이 반응하였고 소비자의 폭발적인 호응은 그 의구심을 한 번에 날려버리게 됩니다.

'직관적으로 인식하도록 한다.'는 표현이 언제부턴가 디지털미디어 및 UI(User Interface)설계의 기본 목표가 되었고 지금까지도 아이폰은 그 대표적인 사례로 언급되며 여전히 승승장구하고 있습니다.

단순함을 추구하는 또 다른 이유는 피로를 줄이는 데도 있습니다. 직장생활을 하다보면 생각하는 게 싫어질 때도 있습니다. 생각하는 것은 고통스러운 일이기 때문일 것입니다. 이럴 땐 게으른 사람이 되어보기도 합니다. 사람은 게을러지면 정말 필요한 일만

하게 되기 때문입니다. 게으른 사람들은 '이걸 꼭 해야 하나?', '안 하면 안 되나?' 이런 식의 질문들을 끊임없이 스스로에게 던지고 반드시 해야 할 경우에만 움직입니다. 생존에 필요한 게 아니라면 안 할 것이니 해야 할 일과 하지 않을 일을 구분해 내서 효율적으로 하는데 재능을 가지고 있다고 볼 수도 있을 것입니다. 이는 주변의 게으른 사람들을 잘 살펴봐야 하는 이유이기도 합니다.

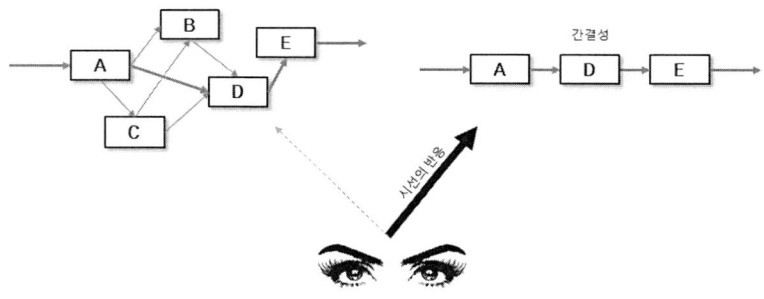

[간결하고 단순하게 보는 것이 업무효율성을 증대시킨다.]

최근에 '긴 글 공포증'이라는 신조어도 생겨났습니다. 이 신조어는 '디지털 네이티브(Digital Native)'들에게서 나타납니다. 디지털 네이티브는 기성세대와는 확연히 다른 정보환경 속에 자라온 덕택에 웬만한 디지털기기는 별도의 설명서를 살펴보지 않아도 그 사용법을 순식간에 습득하는 내공을 가지고 있다는 90년대 이후 출생 세대를 일컫습니다. 장점만이 있을 것 같은 이들에게도 시간이 지나니 단점이 드러납니다. 디지털 네이티브들이 원하는 정보를 도서관에서 종이에 인쇄된 형태로 찾지 않고 인터넷을 통해 검색하고 있을 때, 2000년대생들은 그것조차도 귀찮고 시간이 걸리는

지 목소리 인식으로 유튜브(YouTube) 등의 동영상검색사이트에서 원하는 정보를 찾기 시작했습니다. 글을 읽는게 부담스러워 시각과 청각으로만 정보를 찾는 '긴 글 공포증'의 사례입니다.

최근 모 검색사이트에서 AI기술을 동원한 '요약봇2)'이 생겨난 것도 이런 추세를 반영하는 듯합니다. 지나치게 단순함에 익숙해져서 본질을 잊고 결론만을 좇아온 결과가 아닌지 조금은 안타까운 부분도 있습니다. 반대로, 이러한 트렌드를 거스르기 어려운게 현실이라면 빠르게 전달하면서도 본질을 잃지 않게 전달하는 새로운 글쓰기 방식을 고민해야 하지 않나 생각해 봅니다.

---

2) 네이버 뉴스에서 2017년 말부터 새로이 지원하는 기능으로, 뉴스 기사 전체내용을 AI기술을 적용한 봇(Bot ; 로봇의 줄임말)이 자동으로 몇 줄 이내로 요약해서 사용자들에게 제공한다.

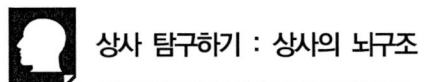 상사 탐구하기 : 상사의 뇌구조

　직장에서 쓰는 글의 종류는 대단히 많습니다. 글을 쓰는 대상은 간단한 메일을 쓰는 것에서부터 여러 장에 걸친 보고서를 작성하는 것까지 업무가 진행되는 과정에 있는 다양한 형태의 글쓰기 모두를 가리킵니다.

　'어렵다'라는 단어는 많은 경험을 함축하고 있습니다. 메일 한두 줄만으로 크게 혼나 본 경험이 있는 사람이라면 '어렵다'는 의미가 두렵기까지 할 것입니다. 경험이 없어 앞으로 무슨 일이 벌어질지 모르는 사람이라면 사실 낙천적인 사람과 구분할 수 없기도 합니다. 어렵고 두려워할 이유도 없는 것이지요. 그래서 경험은 이미 겪었던 사람들만이 사용할 수 있는 단어이기도 합니다. 직장에서 글을 쓰는 경험의 기억에는 보고서를 작성하는 순간뿐만 아니라 작성하고 브리핑하기까지 과정과 결과가 함께 포함됩니다. 긴급하게 요청하면 긴급한대로 시간 쫓기는 압박감에 시달린 경험. 긴급하지 않은 경우라도 때론 늦은 시간까지 야근을 해야 하는 정신적, 신체적 피로감 등이 바로 글을 써야 할 임무를 받았을 때 떠오르는 생각일 것입니다. 그래서 이를 반가워할 사람은 별로 없습니다. 사람이 무언가를 창작하고 생각하는 것은 대단히 고통스러운 일이기 때문이기도 합니다. 그리고 가장 큰 난관은 그렇게 공을 들여 준비한 보고서가 상사에게 퇴짜를 맞고 처음부터 다시 해야 할지 모른다는 것입니다.

보고서 시작의 80%는 상사일 것입니다. 상사의 지시로, 상사에게 나의 생각을 전달하기 위해서, 상사에게 설명하기 위해서 등. 그래서 상사가 어떤 사람인지를 탐구하는 것은 어떻게 보고를 하고 글을 써야 하는지에 대한 가이드입니다.

직장인들이 대부분 공감할 '본인이 글쓰기에 자신 없어하는 이유'를 상사와의 관계적인 관점에서 아래와 같이 정리해 보았습니다.

- *상사의 사고방식과 작성하는 사람의 사고방식이 서로 다르기 때문*
- *상사가 기대하고 있는 바를 제대로 조사한 적이 없기 때문*
- *상사가 보는 관점과 내가 보는 관점이 다르기 때문*
- *상사가 나보다 더 많은 정보를 알고 있기 때문 (그래서 이미 알고 있는 내용을 보고할 것에 대한 우려)*
- *논리적으로 전후 관계를 매끄럽게 할 자신감 부족*
- *격식체, 경영진의 용어, 간결하게 축약하는 용어 선정이 어렵기 때문*

관찰과 경청은 직장 내 의사소통을 시작하는데 있어 가장 큰 비중을 차지하고 있습니다. 영업, 마케팅, 기술과 서비스 등 고객과 소통하는 모든 분야에서 고객의 요구사항을 이해하고 반영하여 만족도를 높이기 위해서 시작하는 첫 번째 단계입니다. 보고서 작성의 시작도 고객과의 대화입니다.

보고서 작성에 있어서 1차 고객은 상사가 될 것입니다. 대부분의 보고서는 상사의 지시를 통해 시작되기 때문이며 보고서란 무릇 상사가 원하는 내용이 담겨야 하기 때문입니다. 그렇기 때문에 상사라는 사람은 누구인지에 대해 탐구해 볼 필요가 있습니다. 직장상사는 그 자리에 오르기까지 다방면에서 많은 경험을 하였고 일을 바라보는 시각이 더 넓고 경영진이 추구하는 가치가 무엇인지를 최소한 (그보다 아랫직급인) 나 보다 더 많이 알고 있는 사람입니다.

2차 고객은 보고서가 배포되는 잠재적인 청자를 모두 포괄합니다. 고객을 관찰하고 목소리를 듣는 목적은 단순합니다. 고객이 요구하는 것이 무엇인지를 정확히 파악하고자 하는 것이며 청자의 생각의 흐름과 사고의 패턴을 찾아내고자 하는 것입니다. 그래서 상사란 어떤 사람인지 본격적으로 탐구해보고자 합니다.

상사의 전략적 사고와 질문 패턴

상사는 회사의 전략과 최근의 이슈, 현재의 경영 상태에 대하여 보다 많은 정보를 가지고 있습니다. 그들의 전략적 사고를 파악하여 보고서에 반영되어야 할 질문 리스트를 작성하는 것이 보고서 작성의 기본이 됩니다. 상사들은 필연적으로 회사의 전략과 방향, 목표를 바탕으로 질문 리스트에 부합하는 보고서가 작성되었는지에 대한 평가를 순간순간 하게 됩니다. 그것을 확인하는 과정이 그들의 질문 패턴이기도 합니다.

보고서의 종류를 막론하고 상사에게 '무슨 얘기를 하려고 하는가?', '이건 무슨 의미이지?'라는 질문이 떠오르거나 생각의 흐름이 막히기 시작하면 다음 보고내용에 대한 그들의 호기심은 급격히 줄어들게 됩니다. 직급이 높고 문제에 대한 관심이 높을수록 질문의 난이도는 높아지며 혹, 상사가 이 부분을 빠르게 넘긴다면 내용에 대해 알고 싶지않아서라기 보다 축적해온 경험이 많기 때문에 이해를 다 했다는 것으로 받아들여야 할 것입니다.

상사의 시간 관리

상사는 짧은 시간에 종종 요약된 내용만으로 다음 진행 방향을 매 순간 판단하고 결정을 내립니다. 때로는 빠르게, 때로는 심사숙고하여 결정을 내려야 업무의 효율성과 추진력을 유지할 수 있게 됩니다. 그런 생활을 유지하기 위해서 스스로 시간 관리와 자기 관리에 철저해야 합니다. 물어본 질문에 답을 하지 않은 채 기다리는 답이 나올 때까지 인내심을 가지고 내용을 모두 들어줄 상사는 존재하지 않습니다.

그리고 상사에게는 성격상 타고난 꼼꼼함과는 관계없이 자료의 내용이 틀림없음을 확인하는 철저함이 몸에 배어있습니다. 또한 시간 절약을 위해서 눈앞에 보이는 것은 바로 지금 이해하고 넘어가는 것이 가장 효율적이라는 것도 알고 있습니다.

상사의 행동반경

조직의 장으로 올라가 조직을 대표하게 되면 행동반경은 급격히 넓어지게 됩니다. 조직의 역할과 책임을 이해하고 다른 조직과의 협업 관계를 유지하기 위한 고민도 깊어집니다. 업무의 협조를 끌어내고 반대로 도움을 주기도 해야 하며 때로는 조직을 대변하기 위해 목소리를 높여야 하는 경우도 있습니다. 조직의 이름으로 나가는 보고서에 관련 부서의 입장에서 보았을 때 어떻게 받아들여질지, 사실이 아닌 내용으로 인해 반발이 발생하거나 추후 해명을 해야 한다거나, 불쾌한 내용으로 업무 협조를 기대할 수 없게 되다거나 하는 사태가 발생되어서는 안 됩니다. 어떤 사항을 요구하는 것도 어떻게 하면 세련되게 표현할지를 고민할 수밖에 없는 게 상사의 입장입니다. 직접적으로는 내가 상사에게 보고하는 글이지만 간접적으로 그 글이 상사의 행동반경으로 전달된다는 것을 감안하여 상사의 관점과 눈높이에서 글을 써야 할 것입니다.

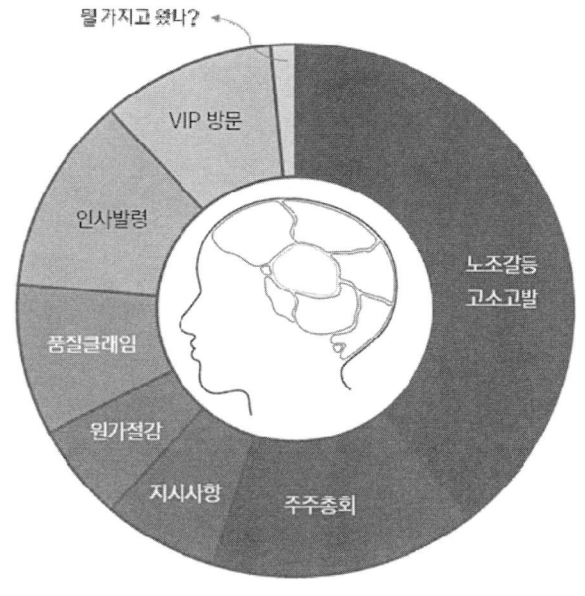

[상사의 뇌 구조 (예시)]

위의 그림을 보면 회사 혹은 팀 활동과 관련하여 주변에 얼마나 많은 문제들이 포진해 있고 해결이 되지 않은 채로 그를 괴롭히고 있는지 미루어 짐작할 수 있습니다. 대부분 직급이 높아질수록 중간관리자나 실무자들은 알 방법이 없는 비공개로 공유되는 경영 및 인사 관련 정보들이 많아집니다. 우리가 볼 때 '도대체 일은 언제 하느냐?'라는 볼멘소리가 나올 법 합니다.

내일 모레 있을 노조와의 협상 테이블에서 어떤 이야기를 꺼낼지, 품질사고 대한 대책수립은 어떻게 진행되고 있고 현황 보고는 왜 또 안 올라오는지, 영업실적이 몇 개월간 정체인데 뾰족한 방안도 없는데 어떻게 대처할 것인지, 향후 대책에 대해 경영진에게 어떻게 설득력 있게 전달할 것인지, 모 직원의 인사 문제를 어떻게 처리할 것인지 등 실제 업무에만 매달려도 어려운 상황에서 크고작게 발생하는 다양한 사안들은 상사를 끊임없이 괴롭힙니다.

이러한 가정을 결코 극단적인 예로 생각하지 않습니다. 항상 이런 상황에 있다는 점을 염두에 둔다면, 상사는 내가 보고하려는 내용에는 그다지 관심이 없다는 것을 전제로 대화를 시작해야 합니다. 관심이 있고 기다리고 있었던 보고라 한다면 더욱 긴장해야 할 것입니다. 주목을 받고 있는 것은 다행스러운 일이지만 나의 설명을 충분히 들어줄 만큼 여유가 많지는 않을 것이기 때문입니다.

이제 상사가 누구인지, 무슨 생각을 하고 있는지를 대략적으로 알았기에 그 생각의 틈을 비집고 들어가 나의 메시지를 전달한다는 것이 얼마나 어려운 일인지를 짐작할 수 있습니다. 예고에 없었던 보고라면 관심을 유도하고 붙잡을 수 있는 스토리와 메시지를 준비하고 있어야 합니다. 반대로, 기다리고 있었던 보고라면 우선 묻는 질문에 제대로 답을 해야 함은 물론이고 관심사를 제대로 찾아 가려운 곳을 긁어 주어야만 보고에 집중해서 들을 것입니다. 내용이 지루한 것은 참을 수 있을지 모르겠지만 듣고 싶은 내용이 아니거나 요점을 잘못 짚고 있거나 전달하고자 하는 메시지가 무엇인지 명확하지 않다면 참기 어렵기 때문입니다. 조직관리를 위해서 혹은 업무 코칭을 위해서 바쁜 시간을 쪼개가며 인내심을 발휘하여 귀를 기울여 주기를 바란다는 것이 쉽지 않다는 점을 냉정하게 인식하기 바랍니다.

 단어 신상털기 : 단어를 뜯어보면 할 일이 보인다

문제를 인식하는 것에는 문제를 정확한 단어로 표현하는 것과 단어를 정확하게 파악하는 것, 두 가지 목표를 가지고 있습니다. 여기 직관적 인식 단계에서는 단어의 의미를 정확하게 파악하는 것만으로도 문제를 이해하고 무엇을 해야 하는지에 대한 지침을 찾을 수 있습니다.

정확한 단어의 의미를 알고 있는 것만으로도 기본 계획이 이미 절반이상 세워진 것이라고도 할 수 있을 만큼 단어의 이해는 중요합니다. 특히나 대부분의 단어가 한자어로 되어 있기에 개념적으로 이해하고 있는 단어라도 이를 실체가 있는 단어로 풀어 해석하는 것은 문장의 직관적인 이해를 위해 반드시 필요한 과정이기도 합니다. 여기서 한 발 더 나아가, 사전적 의미를 중심으로 그 의미를 부연설명해주는 구성요소들을 이해한다면 어떠한 문제가 주어졌을 때, 어디서부터 시작을 해야 할지 문제해결 방향을 수립하는데 큰 도움이 됩니다.

구성요소들을 학습하고 이해하는 데는 백과사전만한 것이 없습니다. 단어의 의미를 파악하는 게 국어사전이라면 단어의 신상을 털기 위해서는 백과사전이 함께 동원되어야 보다 구체적인 정보, 문제 해결의 실마리를 얻을 수 있습니다.

한 가지 사례를 들어보겠습니다. 제품의 제조원가 절감 계획을 보고해야 합니다. 우선 현황분석을 먼저 하기로 합니다. 문제의 전체 그림을 그려 세부 문제점을 확인해 나가는 순서를 밟으려 합니다. 그렇다면 도대체 어떻게 나누어야 효율적으로 다음 업무를 진행할 수 있을까요? 막연히 시간을 기준으로 '상반기, 하반기'로 나누게 되면 분명 서로 중복되는 부분은 없을 것 같으나 다음 활동을 해나가는데 뭔가 불편한 느낌이 들기 시작합니다. 불편한 느낌은 무엇일까요. 그 이유는 여기서 구체적으로 다루고자 하는 문제점인 '제조원가'와 분류기준으로 제시한 '상반기, 하반기' 간의 연결고리가 대단히 빈약하기 때문입니다. 억지로 끼워 맞추기조차 어렵다면 우리가 추구하는 직관적으로 이해하는 것과는 거리가 멀어집니다. 이런 경우 핵심단어에 대한 신상털기로 들어가 보겠습니다.

제조원가요소는
직접재료비(=직접재료원가), 직접노무비(=직접노무원가), 제조간접비 세 요소로 분류하거나
재료비(=재료원가), 노무비(=노무원가), 제조경비 세 요소로 분류할 수 있다.

(위키백과)

　제조원가를 절감하기 위해서 세부항목을 파악할 수 있고, 제조원가의 현황을 조사하기 위해서 어떤 정보를 수집하여야 하고, 혹은 어떻게 분류하여야 하는지에 대한 개략적인 방향을 파악할 수 있게 된 것입니다. 뒤에 언급될 MECE 분류방법에 대한 힌트를 얻을 수 있는 방법이기도 합니다.

이렇듯 용어의 정확한 의미를 알면 내용에 대한 이해도 빨라질 뿐만 아니라 무엇을 해야 하는지에 대한 직접적인 조언을 구할 수도 있습니다. 단어 그 자체로서 해야 할 일이 보인다면 이것보다 더 직관적이라고 할 만한 것은 없을 것입니다.

글쓰기를 즐겨 하는 사람이거나 글쓰기를 업무상 반 의무적으로 해야 하는 위치에 있는 사람이라면 사용하는 용어의 정확한 의미를 알고 적절한 위치에 사용해야 할 것입니다. 글은 생각을 정확하게 혹은 가장 근접하게 표현하기 위한 도구이기에 글을 쓰는 사람이 생각하는 단어의 의미와 받아들이는 사람이 생각하는 의미가 서로 다르다면 큰 오해와 혼란을 불러올 수도 있기 때문입니다. 평소 활용빈도가 많아서 잘 알고 있고 흔히 사용하는 단어라 할지라도 한 번쯤은 반드시 국어사전을 찾아보고 그 의미를 되새겨 보는 것이 중요합니다.

국어사전, 백과사전을 가까이 두십시오. 사실 요즘은 종이로 된 사전을 찾기가 더 어렵습니다. 국립국어원을 비롯하여 국어사전, 백과사전 홈페이지를 즐겨찾기로 등록해두고 수시로 의문이 생기는 단어에 대하여 찾아보시기 바랍니다. 평소에 흔히 사용하는 단어에 깊은 의미가 담겨있기도 하고 내가 잘 몰랐던 의미를 찾게 되기도 하며 잘못 이해하고 있었던 단어를 올바르게 고쳐쓰게 만들어줍니다. 정확한 용어의 의미는 후에 글을 쓰는데 적확한 단어 선정하는데도 큰 도움이 될 것입니다.

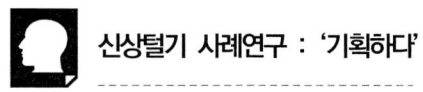 신상털기 사례연구 : '기획하다'

기획[企劃, Planning] ; 일을 꾀하여 계획함.

(국립국어원)

기획 ; 어떤 대상에 대해 그 대상의 변화 목적을 확인하고, 그 목적을 성취하는 데에 가장 적합한 행동을 설계하는 것을 의미한다. 이에 대해 계획(plan)은 기획을 통해 산출된 결과를 의미하며, 사업계획(program)과 단위사업계획(project)은 계획의 하위개념으로 볼 수 있다. HRD 분야에서는 기업교육훈련의 기획-조직-실행-평가의 4가지 기본활동 중의 첫 단계로 목적정의, 목표개발, 자원확인, 대안의 개발, 대안의 선택과 검사, 최종 계획의 결정으로 이루어진 계획을 수립하는 과정을 뜻한다.

(HRD 용어사전)

회사 업무에서 '기획'이라는 단어는 대단히 빈번하게 사용됩니다. 넓은 의미로 계획과 유사하여 가끔 둘 사이를 혼동되어 사용되기는 하나 그렇다고 서로 같다고도 할 수는 없습니다. 국립국어원은 둘 사이의 차이를 위처럼 '꾀하다'라는 단어를 추가함으로써 명쾌하고 설명하고 있습니다. 꾀하다는 말은 깊은 고민이라는 뜻에 가깝습니다. 그리고 '계획'은 지금 가만히 있으면 아무것도 변하지 않을 상황에 어떤 행동을 가하여 앞으로 벌어질 일을 원하는 방향대로 그 방법과 순서와 규모를 정하여 이끌고 가고자 하는 것입니다. 정리하자면, '기획'은 우리가 고민한 결과를 원하는 방향으로 끌고가고자 하는 계획을 만드는 행위라고 볼 수 있겠네요.

그런데 이 단어가 회사 업무로 들어오면 더 이상 친근한 단어가 아니게 됩니다. 깊은 고민의 결과라고 정의된 부분이 잡힐 듯 잡히지도 낳고 마음만 어지럽게 만듭니다. 회사가 요구하는 '기획'은 사전적인 의미에서 더 나아가 최소한 지금보다 발전된 미래의 모습을 대상으로 하고 있다는 점이 다릅니다. 미래의 어느 시점에 현재의 문제, 이슈, 위기, 성장 등이 해소되거나 더 나은 모습 혹은 이상적인 모습으로 어떻게 하면 쫓아갈 수 있을까에 대한 고민. 바로 그 일을 '꾀하여 계획해야 한다'는 풀이에 맞아떨어지게 됩니다.

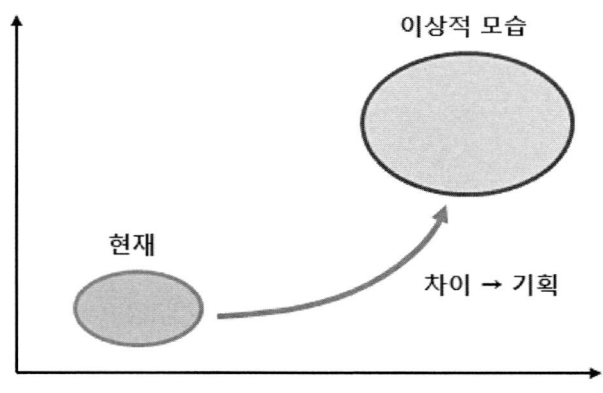

[차이의 발견은 '기획'의 시작]

 **마인드텔링**

"이런 세세한 내용까지 경영진이 알 수 없잖아? 약어는 풀어써야지. 아니 차라리 없어도 될 것 같으니 아예 삭제하는 게 좋겠어."

"여기 데이터는 너무 추상적이고 일반적인 내용이야. 디테일이 없어 디테일이. 이 내용을 듣는 사람들이 보면 딱 봐도 현장을 전혀 모르는 사람이 쓴 게 너무 티 나. 기본적인 스터디(학습)가 안 돼 있어."

기술 경쟁력 강화 방안을 수립하라는 지시로 보고서를 준비해야 한다고 가정합시다. 경쟁력이라는 단어를 놓고 앞서 배운 신상털기 토론을 하고 우리에게 가치있고 앞으로 해야 할 일을 염두해서 명확한 용어정의를 내립니다. 그리고 현재 우리 기술의 수준은 어느 위치에 있고 어디를 향해 가겠다는 목표를 세웁니다. 그 차이(Gap)을 극복하기 위해서 어떤 활동을 해야 하는지 다시 토론합니다. 사례를 찾고 분석하고, 우리에게 맞는 방안에 대한 아이디어를 모으고 어떤 데이터를 수집할지에 대해서도 논의합니다. 선정된 아이디어에 대한 구체적인 실행 방안과 일정을 수립하고 최종 요약해서 마무리합니다.

준비하는 과정은 기본에 충실해서 막힘없이 매끄럽고 순조롭게 진행되는 것 같습니다. 그렇게 어려움 없이 정리하여 초안을 보고했다가 되돌아 온 보고서에는 빨간펜 선생님의 빨간펜 가로밑줄과 기본적인 학습이 안 되어있다는 잔소리가 함께 옵니다.

"이 보고서를 통해서 얻으려는 게 뭐지? 사람이 필요하다는 건가 아니면 투자가 필요하다는 건가 그것도 아니면 일정만 조금 연장하면 된다는 건가? 그냥 이런 기술이 있으니 알고 있으라는 보고서인가? 바쁜 경영진들 불러다 놓고 기억 속에 뭘 남기려고 하는 거야? 지난 번 타 팀에서 보고했던 기술과 이번에 우리가 보고하는 것과는 어떤 차이가 있는 거지? 과거에도 한 번 시도했던 기술 같은데 다시 시도하는 거야 아니면 그것과는 다른 기술이야? 다르다면 뭐가 다른 건지? 회사에 어떤 가치를 가져다주는 거지? 작년에 경쟁사가 공개한 기술 특허를 침해할 가능성은 없나?"

이미 앞선 질문만으로 몽둥이로 머리를 맞은 듯 멍한데 상사는 폭포수처럼 계속 쏟아냅니다. 그리고 모두 앞으로 해야 할 일들로 닥칠 것을 생각하니 정신이 혼미해 지기 시작합니다. 아… 어느 것은 아예 생각조차 하지 못했던 것이고, 어떤 것은 살짝 언급은 했으나 중요하지 않다고 판단하고 어딘가에 내팽개쳐 놓았던 것임을 기억해 냅니다. 미리 알려주지 않은 상사가 원망스럽지만 미리 점검도 받지 않고 혼자 진도를 너무 많이 나간 뒤에야 보고서 초안을 들이미는 나도 내가 참 한심해 보입니다. 한두 번도 아닌데 말입니다.

고객 파악 = 고객이 듣고 싶은 것, 마인드텔링

영화, 드라마, 소설 등을 시작하기 전에 전체적인 콘셉트(concept)와 줄거리를 구성하여 이를 생동감 있고 설득력 있게 전달하는 행위를 우리는 '스토리텔링'이라고 부릅니다. 평범한 '이야기하다' 보다는 어떻게 전달할 것인지에 대한 고민이 녹아들어 있는 개념이라고 볼 수 있겠습니다. 또한 '마인드맵'이란 생각이 가지를 치며 뻗어나가는 것을 공간적인 개념(그림)으로 표현한 것입니다. 저는 앞으로 이와 비슷하게 '마인드텔링(마인드맵+스토리텔링)'이라는 단어를 쓰고자 합니다. 마인드텔링이란 듣는 이의 마음을 꿰뚫고 전달하고자 하는 바를 설득력 있게 펼쳐놓기 위해 생각을 펼쳐놓는 방법이라고 볼 수 있겠네요.

앞에서 나름 회사원의 정석대로 준비했던 보고서에 결정적으로 부족한 부분이 바로 마인드텔링이라고 생각합니다. 마인드텔링은 상대방이 어떤 생각을 가지고 있는지를 생각해야 하기에 번거로운 작업임에 틀림없습니다. 그래서 이 부분을 생략하고 별다른 고민과 비판없이 이전에 다른 사람들이 해 놓은 양식과 목차를 따라 작성하려 한다거나, 일단 시작하고 본다는 조급함을 가진다면 전 과정으로 환산했을 때 많은 시간낭비를 벌였다고 깨닫게 될 것입니다.

반드시 마인드텔링을 함께 하십시오. 유능한 보고자라면 단지 목차와 스토리의 흐름만 고려하지 않습니다. 많은 경험 덕분에 해야 할 것들의 업무 목록은 순식간에 나열하면서도 보고 받는 사람에 대한 분석과 주변 상황에 대한 치밀한 검토를 놓치기도 합니다. 마인드텔링은 창작에 있어 어느 방향으로 나아가야 올바른 방향인지를 파악하는 중요한 과정이라고 볼 수 있습니다. 뒤늦게 빠뜨린 문제를 파악하면 불필요한 일을 다시 하거나 원점으로 다시 돌아올 수 밖에 없게 되기도 합니다. 이렇다 보면 결국 앞뒤의 논리적인 연결이 매끄럽지 못해지고 시간에 쫓겨 앞뒤를 짜 맞추는 데 급급한 지경에 이르기도 합니다. 매서운 눈매의 상사 앞에서는 단 한 장을 넘어가지 못할 것을 알면서 (제출)기한이라도 지킨 것에 만족해야 할지 모릅니다. 납기를 늦추면 상사의 기대 값만 높아지기 때문에 그렇게 하지 않는 게 차라리 낫습니다. 물론 정보 자체가 부족하여 마인드텔링에서 놓치는 것이 있을 수 있겠지만 마인드텔링 행위 자체, 즉 고민을 제대로 하지 않았다는 것은 보고서를 준비하는 과정에 큰 미흡함이 있었다고 할 수 있습니다.

　마인드텔링을 위한 토론은 보고서에 무엇을 담고 이를 통해 무엇을 얻을 것인지에 대한 전략회의가 됩니다. 서두 부분에서 언급하였던 많은 질문들을 어떻게 정리할 것인가에 대한 얘기가 될 것입니다. 상사 즉, 고객을 분석하고 경영 현황을 파악하고 회사의 전략과 방향, 현재의 상황인식에 벗어나 있는 건 없는지를 견주어 우리가 어떤 내용으로 어떤 자료로 어떻게 전달해서 어떤 이미지를 남기고 무엇을 얻을 것인지에 대한 구체적인 그림을 그리는 과정이 될 것입니다. 보고서를 통해 전달할 하나의 메시지, 전체를 표현할 데이터, 목표를 달성하기 위해 필요한 요청사항과 우리의 책임과 노력 등 전체 이미지에서 한 단계 내려와 구체적인 보고서의 목차까지 내려갈 수 있습니다. 그리고 아직은 타이틀만 있는 빈 페이지일 수 있겠지만 사고의 흐름이 끊기지 않고 유연하게 연결되는지와 논리적으로 매끄러운지에 대한 부분도 함께 살펴보게 됩니다.

　본사의 경영진이 방문한다고 합시다.

'보고를 받는 사람은 누구인가? 함께 방문하는 사람들은 누구인가? 그 사람은 우리 팀에 어떤 영향력을 행사할 수 있는 사람인가? 최근에 우리 쪽에서 받은 보고는 무엇인가? 이번에 방문한 구체적인 목적은 무엇인가? 지난번 방문시 지시했던 사항이 있었는지?' 등 많은 궁금증들이 떠오릅니다.

이와 달리 이번엔 정기적으로 회사 경영진에게 현안을 보고하는 자리라고 칩시다. '현안은 무엇이며 어떻게 처리 하고 있는지? 단기적으로 장기적으로 팀의 잠재적인 이슈는 무엇이며 어떻게 대응할 것인지, 회사의 올해 원가 절감 목표에 어떤 기여를 하고 있고 앞으로 할 업무들이 어떤 기여를 할 것인지, 업무 외적으로 팀원의 근무 환경에 문제는 없는지?' 등 많은 궁금증이 따릅니다.

처음 언급했던 기술 경쟁력 강화 방안에 대한 보고를 하는 경우라면, '보고 받는 사람들의 기술에 대한 수준이 어느 정도인지? 현장 임원이 볼 때 각종 현장 데이터들의 수치가 합리적인 수치인지, 운영/영업 팀에서 반발하거나 불편해 하는 내용은 없는지, 기술개발에 성공해야 원가 절감 효과가 발생되는데 모두들 절감 효과만 기억하고 기술개발의 어려움에 대해서 충분히 각인될 것인지' 등의 고려사항들이 있을 수 있습니다.

보고서의 종류, 보고 장소, 보고 받는 사람에 따라 무엇을 고려해야 할지에 대해서 어느 하나 정형화된 규칙은 없습니다. 그렇기에 보고할 스토리에 대한 토론을 통해 지혜와 해법을 모으고 찾는 과정이 절대적으로 필요합니다.

상사가 침 튀기며 쏟아냈던 질문은, 보고받는 사람인 경영진의 가장 가까이에서 누구보다도 해당 보고서의 맹점을 잘 알고 있기에 할 수 있는 사항들입니다. 일부는 본인이 생각하는 질문도 있겠지만 대부분은 과거에 수많은 경영진 회의에 참석하면서 다져진 경험 속에 축적된 질문들일 것입니다. 그렇기에 결코 잔소리라 할 수도 없고 반드시 검토해서 답변을 준비하고 있어야 할 내용들입니다. 보고서의 기본은 지시내용과 질문에 대한 답을 하는 것입니다. 하지만 그 이전에 이 보고서가 누구에게 전달되는 보고서이며 그는 무엇을 알고 싶어 하고 있으며, 이 보고서에 무엇을 기대하고 있는지에 대한 파악을 해야 합니다.

보고 받는 사람이 원하는 것을 찾을 수 있도록 준비하고 보고에 있어서 관심을 유도함으로써 보고서에 몰입하게 하고, 궁극적으로 내가 하고 싶은 얘기를 전달하고 원하는 것을 얻고자 하는 게 제대로 된 보고서라 부를 수 있을 겁니다. 이를 위해서는 보고를 지시한 원 지시자(경영진 또는 상사)와의 심도있는 질의/토론과 끊임없는 마인드텔링이 필요합니다.

시작은 메시지를 그리는 것

보고서는 소설이 아닙니다. 결코 즐거움을 주기 위한 글이 아닙니다. 여러 인물이 등장하고 복잡한 갈등이 있지도 않습니다. 복선과 암시로 궁금증을 유발시키거나 긴장감을 주어서도 안 됩니다. 직장에서의 글은 내가 전달하려는 하나의 목표 즉 나의 메시지를 전달하기 위해서 모든 경험과 아이디어와 도구들이 집중되는 목표 지점입니다. 그리고 그 메시지에 도달하기 위해서 여기저기 방문을 두드리지도 않습니다. 메시지 하나만 바라보고 나아가는 게 보고서입니다. 마치 북극점을 바라보고 항해하듯 말이죠.

보고서 작성을 해야 한다거나 보고서 내용을 검토해야 할 때, 무엇을 가장 먼저 살펴봐야 하는지 생각해 보면 바로 메시지라고 할 수 있습니다. 보고서 전체 내용을 한 문장으로 표현할 수 없다면 단 한 줄도 시작할 수 없습니다. 전달하려는 메시지가 명확하지 않으면 글의 흐름에 일관성이 없어지고 헷갈리기 시작하며 불필요하게 했던 말을 또 하게 되거나 심지어 앞 내용과 뒤 내용이 서로 다른 말을 하게 되는 일이 벌어지기도 합니다. 생각이 아직 완성되지 않았는데, 기한에 쫓겨 어쩔 수없이 야근을 하며 몽롱한 정신으로 보고서를 작성할 경우에 종종 발생되는 일들입니다. 서로 생각이 달라 다른 주장을 하는 것은 차라리 의견을 경청하는데 도움이 되기에 참을 수 있어도 도대체 무슨 말을 하려는 것인지를 모르는 것은 심각한 경우입니다. 모두 메시지가 뚜렷하지 않기 때문에 벌어진 일들이라는 것을 상기해야 합니다.

꼭 보고서가 아니라 짧은 글을 쓰더라도 어떤 그림을 독자에게 전달할 것인지에 밑그림을 그리는 일이 필요합니다. 얼핏 글의 제목을 정하는 것과 비슷하다고 생각할 수 있겠으나 조금 다릅니다. 글의 제목은 차라리 보고서를 쓰게 된 목적 즉, 질문에 가깝다고 할 수 있겠네요.

짧으면서도 메시지에 집중해야 하는 글이라고 하면 신문의 사설이 있습니다. 사설은 정치, 사회적 이슈에 대해서 해당 신문사의 입장을 피력합니다. 특별한 분야의 전문가 혹은 전문 작가의 기고된 글이 본지의 주장과 다를 수 있다고 주석이 달린 글과는 차원이 다릅니다. 그렇기에 단어 하나의 선정에도 수차례 검토를 거쳐 공개되는 신문사의 메시지입니다. 그럼에도 불구하고 초판과 최종판에 일부 내용이 수정되는 경우를 흔히 볼 수 있습니다. 이렇게 급히 수정하는 경우는, 당초 전달하고자 했던 의도와 달리 단어가 다르게 해석되거나 내용 중 모호한 문구 때문에 전체 메시지를 곡해할 수 있다고 판단했기 때문입니다. 이처럼 사회적 파장을 일으켜 이슈를 주도할 수도 있는 글이라면 더더욱 신중을 기해 작성해야 할 것입니다.

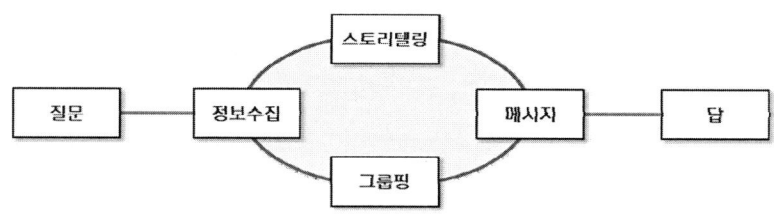

　보고서 내용에 대한 고민은 보고받는 사람에게 어떤 메시지를 기억 속에 남길 것인지에 대한 토론으로 시작합니다. 그리고 대부분의 보고서는 보고가 필요한 발단을 일으킨 질문에 답하는 글입니다. 메시지의 기본은 질문에 대한 정답은 무엇인지, 정답이 아니라면 정답에 근접한 답은 무엇인지에 대한 내용이 반드시 포함되어야 합니다. 쉽게 얘기하여 동문서답을 하면 안 된다는 것인데 질문이 무엇인지를 파악하는 것도 쉽지 않은데 일관성을 유지하기는 더욱 어렵겠지요. 메시지의 방향을 정하기 전에 질문 파악이 잘못되면 헛수고밖에 되지 않기 때문에 보고서의 원초적인 문제일 수 있겠네요. 질문 파악이 왜 잘 안되는지에 대해서는 다음에 다시 한 번 생각해 보기로 하고 여기서는 메시지에 집중해 보겠습니다.

　메시지를 탐구하는 이유는 무엇을 준비해야 할 것인지에 대한 방향을 구체적으로 제시해 주기 때문입니다. 전달해야 할 메시지를 찾아 접근하는 과정은 문제를 해결하기 위해 가설을 수립하는 과정과 유사합니다. 직관적인 사고 패턴으로 질문에 대한 답과 메시지는 완전 동일한 관계이기도 하지만 대부분 답보다 많은 정보를 포함하고 있는 것이 메시지입니다. 예를 들어 매출 현황에 대해 보고하라는 지시에 통계학적인 집계 값인 '매출 현황'은 답이 되며, 잠재적인 문제와 시장 전망에 대해 고찰하고 '현 매출 상황은 이러하지만 이런 부분에 대한 보완이 필요하기 때문에 지금 우리는 무엇을 해야 한다.'는 것은 메시지가 됩니다.

예시를 하나 더 들자면, 경쟁사의 대항마로 내세우기 위한 새로운 기술개발에 대한 보고를 지시하게 되면 '새로운 기술 아이디어'와 '기본계획'은 답이 되겠지만, '이러한 새로운 기술개발에 착수하되 이를 성공적으로 완수하기 위해 뒤따르는 이러이러한 잠재적인 리스크(risk)에 대해서도 이러한 방식으로 점검을 해야 합니다.'는 메시지가 됩니다. 현 매출 상황에 대한 수치만 보고하거나 "기술 개발을 하면 된다."라고 주장한다면 그저 그런 보고서이며 시키는 것을 잘하는 직원이 될 뿐입니다. 이처럼 단 몇 줄의 메일일지라도, 자신의 생각이 담겨있지 않으면 경쟁력은 서서히 녹아 없어지다가 어느 순간 결국 완전히 사라져 있을 것입니다. 보통 이때쯤 뒤늦게 상황을 파악을 하게 되지요.

이렇게 메시지(전달하는바) 초안을 세우고 접근하는 방식은 두 괄식 보고서의 구조가 왜 인기가 있는 것이고 자연스럽게 시작되는 것임을 알게 해줍니다. 물론 메시지가 처음 시작했을 때와 달리 방향이 조정될 수도 있겠습니다. 수집된 정보를 분석하는 과정에서 무엇을 보고해야 할지에 대한 구체적인 메시지가 확립됩니다. 그러나 어느 순간에서라도 스스로 메시지를 정하지 않으면 첫 발걸음을 뗄 수가 없습니다. 이 순간만큼은 빠른 스피드가 중요한게 아니라 정확한 방향성이 훨씬 중요합니다. 답을 목표로 정보 수집을 하는 것과 메시지를 목표로 정보 수집을 하는 것이 오히려 시간을 단축시켜주고 보다 효율적인 작업을 가능하게 해줄 것입니다. 메시지에 대한 합의가 이뤄지면 메시지를 중심으로 구체적으로 어떤 흐름으로 내용을 전달할 것인지에 대한 스토리텔링을 구축하게 됩니다. 스토리텔링은 메시지보다 더욱 구체적인 가이드를 제시해 주고 정확이 어떤 정보가 필요한지에 대한 논의까지 이어지게 합니다.

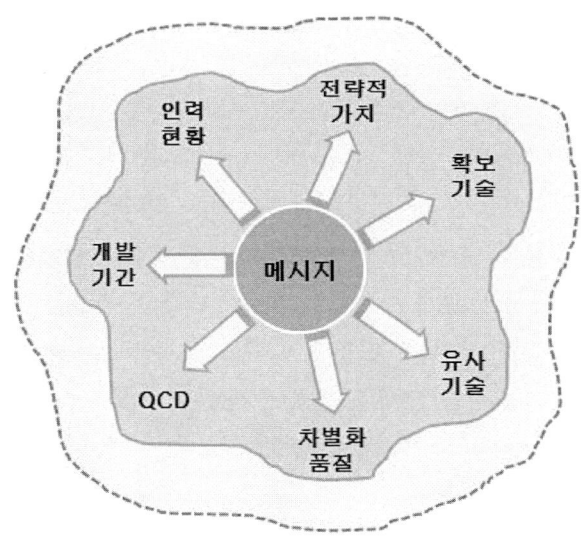

[메시지는 무엇을 해야 하는지에 대한 정보 수집 방향이다]

편향성 자가검증

편향성에 대해 다뤄보려고 합니다. 이는 생각을 글로 옮기기 전, 생각의 방향을 좌우하는 개인의 관점에 관한 이야기입니다. '편향성'은 한쪽으로 치우친 성질이라는 뜻입니다. 이는 지극히 개인의 심리적인 성향에 기인한 것으로, 태어나서 자라온 환경, 받은 교육, 주변 사람의 영향 등 무엇이 어떻게 영향을 주었는지 확증할 수 없는 경우가 대부분입니다. 문제에 직면했을 때 전체를 보는 사람, 부분을 보는 사람, 대화를 할 때 직설적인 사람, 주변을 의식하며 조심성 있게 얘기하는 사람, 부지런한 사람, 조금 게으른 사람, 충동적인 사람, 신중하고 차분한 사람, 낙관적인 사람, 비관적인 사람 등 어떤 문제에 대해서 생각을 정리하고 결정을 하는데 개개인의 성격이 그 결정에 영향을 미친다는 많은 연구 보고서가 있습니다.

세상을 바라보는 시각에 대한 차이는, 곧 자신의 삶의 반증이라고 불리는 글을 쓰는 성향에서도 찾을 수 있습니다. 문제는 이러한 편향성의 문제를 간과하고 넘어갔을 때 자칫 심각한 사태를 초래할 수도 있다는 것입니다. 여기서 심각한 사태라고 한다면 글의 초점을 틀리게 짚거나, 균형감을 상실한 글 정도로 볼 수 있습니다.

자기 분야에 대한 과도한 확신

얼마 전 비즈니스 역사에 있어서 판단 실수에 따른 대표적인 성공사례에 대해 소개한 칼럼을 접한 적이 있습니다. 수차례 메이저 출판사의 문을 두드렸으나 문전박대를 당하다가 결국 중소출판사인 블룸스베리(Bloomsberry Publish)와 계약하였는데 전세계적으로 '대박'이 터진 조앤 K. 롤링의 해리포터 시리즈가 바로 그 예입니다. 블룸스베리에서 선정된 이유마저도 해당 출판사의 CEO가 그의 자녀가 조르기에 할 수 없이 떠밀려 계약했다고 하네요. 또 다른 예는, 비틀즈의 기타 소리가 싫다며 거절한 데카 음반사(Decca Records)입니다. 시대를 거슬러 올라가면, 축음기를 발명한 에디슨은 자신이 생각한 축음기의 10가지 용도 중 '음악을 저장하는 용도'는 포함되어 있지 않았다고 합니다. 오히려 음악이라는 오락거리가 자신의 소중한 발명품인 축음기에 감히 발을 들여놓는 것에 대해 심히 불쾌했다고 합니다. 모두 자신의 분야에서 최고의 전문가라는 스스로의 한계를 넘어서지 못한 결과가 아닐까 생각합니다.

보고서를 쓰는데 있어서도 내가 잘 아는 분야에 대해서 내가 알고 있는 범위가 전체이며, 나의 판단은 내가 지금까지 쌓아 온 소중한 경험이자 자산이기 때문에 설사 누가 공격해 오더라도 자신있게 대응할 수 있을 것이라 생각하기 쉽습니다. 하지만 이런 경우 오히려 의외의 질문에 쉽게 자폭하기도 합니다. 해당 분야에 대해 잘 모르고 이해관계자도 아닌 사람이 순수한 의도, 즉 궁금증을 해소하기 위해 던진 질문에는 답을 제대로 하지 못해 쩔쩔매고 당황스러워 했던 기억도 있지 않은지요?

자신에 대한 확신은 자기를 사랑하고 자존감을 높여 삶의 만족감을 높여주는데 중요한 요소지만, 과도한 확신과 분별없는 확신은 판단의 실수를 불러오고 스스로 뒷감당을 못할 만큼 문제를 어렵게 만들기도 합니다. 그러한 성향은 회사의 보고서에도 그대로 반영되기 마련입니다.

지식의 한계를 드러내는 '선택적 지각 편향성'

선택적 지각 편향성은 그 범위가 대단히 광범위하며, 인간의 성격을 학문적으로 세련되게 붙인 이름이라고 해도 과언이 아닙니다. 문제를 다루는 과정 하나하나에 있어 선택적 지각 편향성은 사사건건 적용됩니다. '선택적 지각 편향성'은 우리가 어떤 정보를 접할 때 어떤 부분을 받아들이고 어떤 부분은 받아들이지 않고, 어떤 부분은 아예 그 존재 자체를 인지하지 못하는 세 가지 범주로 나누게 됩니다. 회사의 경영문제를 인사담당자는 과거 오랜 시간 누적된 인재 발굴과 후임 양성 부족에서 찾을 수 있고, 생산관리 담당자는 부적정한 재고관리, 치밀한 생산계획 미흡에서 찾을 수 있으며, 재무담당자는 회사의 재무관리의 문제점을 제대로 파악하지 못했다는 점에서 당면한 회사의 위기 원인을 찾을 것입니다. 요약하자면, 자신이 알고 있는 지식의 한계에서 벗어나지 어렵다는 점입니다. 부서의 역할이 정해져 있기 때문에 그 한계 내에서 문제 원인을 찾겠다는 최선의 노력의 결과라 항변할 수 있겠으나 자신이 담당하는 분야에서는 특별한 문제점을 찾을 수 없고 타 분야의 책임이다라는 결과를 내기도 합니다.

같은 사물을 보고도 컵의 물이 반 남았다고 하거나 혹은 컵의 물이 반 밖에 없다고 합니다. 내가 관찰하고 있는 사물의 대상을 표현하는 언어가 나의 선택적 지각 프로세스를 거쳐 말로, 글로 표현될 때는 완전 상이한 결과에 이르게 됩니다.

편향성의 종합 세트, '확증 편향성'

　확증 편향성은 강력합니다. '확증 편향성'은 내가 보고 싶은 것만 보고 듣고 싶은 것만 듣게 됩니다. 나에게 유리한 정보가 있는 곳으로 향하고 그 반대 의견을 굳이 찾아보려 하지 않습니다. 혹, 반대 의견이 있다는 것을 알면서도 애써 외면하거나 확인하려 들지 않기도 합니다. 긍정적 부정적 의견이 균등하게 제시되어 있더라도 듣고 싶은 것만 듣고 보고 싶은 것만 보기 때문에 결과적으로 균형있는 의견을 보여주지 못하게 됩니다. 이런 성향은 똑같은 자료를 놓고도 해석하는 방향이 서로 달라지게 합니다. 예를 들어, 주식 시장에서 특정 주식 관련 뉴스를 보고 앞으로 계속해서 오를 것이라고 확신하는 반면, 혹자는 같은 뉴스를 보고도 전망이 밝지 못할 것이라는 부정적인 해석을 내놓습니다. 분명 같은 뉴스인데도 향후 전망은 완전 반대인 것입니다. 주로 자신이 투자한 회사의 경우 긍정적으로 해석하고, 아직 투자를 망설이고 있다면 부정적으로 보는 경향이 강하다고 추정할 수 있습니다. 가장 좋은 예시로, 동일한 사회적 이슈를 놓고도 야당과 여당의 해석은 매번 극명하게 엇갈립니다.

　하지만 확증 편향성은 결코 부정적인 편향성이라고 할 수만은 없습니다. 이는 한 번 꽂히면 끝까지 밀고간다는 성향이 있어서 내가 원하는 답을 찾을 때까지 데이터를 찾는 무서운 집념을 보여주기도 합니다. 그렇기 때문에 이를 잘 활용하면 때로는 긍정적인 결과를 기대할 수도 있습니다.

과도한 확신, 선택적 지각, 확증 편향 외에도 편향성에 관해 심리학자가 분류해 놓은 정의는 수없이 많이 있습니다. 어떤 편향성이든 그러한 성향을 보이는 사람에게 '틀렸다'라는 표현은 적합하지 않다고 생각합니다. 사람마다 서로 '다르기 때문'입니다. 하지만 회사업무 외적으로는 '개성'으로 존중받을 수도 있으나 회사 안에서는 '고집'으로 비춰질 수 있다는 점을 인식하고 편향성에 대한 자가 검증이 필요합니다.

이러한 편향성을 바로 잡는 방법은 주변 사람에게 질문 하는 것입니다. 내가 나를 객관적으로 보려는 노력은 좀 더 겸손한 태도를 유지하는데 도움은 줄 수 있으나 완벽하지는 않습니다. 내가 본 객관적인 모습도 결국 나의 선택적 지각의 범주 안에 있기 때문입니다. 내가 접한 문제와 직접적인 이해관계자가 아닌 사람들을 만나 나의 문제, 나의 시선, 나의 생각을 외부의 시선으로 볼 수 있는 사람, 부서를 찾아 그들의 의견을 구하는 노력을 해야 합니다. 보고서 작성측면에서는, 작성하는 보고서를 공유하고 의견을 구하는 과정으로 대변됩니다. 다른 사람들의 의견을 구하는데 특정한 시점은 없습니다. 다만, 작성하기 전 아이디어를 모으는 단계부터 시작하는 것이 가장 좋습니다. 첫 단추를 제대로 끼우자는 취지입니다. 작성하는 중간, 작성 후 단계에도 의견을 듣는 시간이 필요합니다.

주변 사람들에게 칭찬을 해달라는 게 아니라 지적을 해달라는 것에 대해 반가워할 사람은 그리 많지는 않겠지만, 상대방의 지적을 수용하고 자신을 되돌아보기 위해 용기를 내보는 것이 꼭 필요하다고 말씀드립니다.

"묻는 질문부터 먼저 답을 하라구!"

일을 하다 보면 정말 다양한 형태의 문서들을 접하게 됩니다. 기준, 규정 등 지침과 관련된 문서도 있고 정기적으로 공유되는 현황보고서도 있습니다. 계약서나 기술, 제품 규격서도 있고 경영진의 전략기획 관련 시장조사, 경쟁사 동향 조사보고서 등의 문서도 있습니다. 작성 도구도 다양하여 주로 워드나 한글, 파워포인트로 작성되지만 어떨 때에는 엑셀로도 만들어지기도 합니다. 이렇게 많은 종류 중에서 지금 우리가 관심있는 문서는 상사의 관심사나 현장의 이슈와 관련된 지시에 대한 보고서입니다.

경영현황에 대한 보고, 정책 변경에 따른 영향분석, 문제의 원인분석과 대책, 매출동향과 향후 주력상품의 변화 방향, 생산력 증대를 위한 기술개발 계획 등 어쩌면 매번 듣는 타이틀이기도 한데 상황은 매번 바뀌어가니 담겨야 할 내용이 달라져야 할 것 같은 분위기를 감지합니다. 질문에는 현황은 어떻고 무엇이 문제이며 앞으로 어떻게 해야 할 것인지 등 이슈의 현재와 미래에 대해 폭넓은 범위를 담고 있습니다. 질문은 보통 지시의 형태로 내려오기도 하지만 오고 가는 대화 속에 미묘하게 녹아들어 있기도 합니다. 무엇이 궁금한 사항인지, 보고서 작성이 어떤 방향으로 흘러가야 하는지에 대한 실마리가 담겨 있기 때문에 귀담아 들어야 할 부분입니다. 수첩에 적는 게 정상이겠죠? 이를 얼마나 정확히 파악해 내느냐가 사실 헛일을 하지 않는 중요한 순간이 됩니다.

보고서는 질문에 대한 답이 우선입니다. 설사 힌트를 눈치빠르게 파악을 했더라도 지시사항이 무엇인지 명확하게 파악하고 정의한 후 정리 작업에 들어가는 절차가 반드시 필요합니다. 그래서 재차 확인을 하더라도 질문을 제대로 파악하는 게 중요합니다.

일반적으로 보고서를 받는 상사가 가장 먼저 확인하는 것은 질문에 대한 답입니다. 두괄식 보고서를 쓰라는 이유와도 일맥상통하는 부분이 있네요. 보고서를 펼쳤을 때 질문에 대한 답도 없는데 다른 아무리 훌륭한 아이디어와 주장들이 담겨있어도 그게 눈에 들어올 리 없습니다. 더 거칠게 표현하자면 "묻는 질문에나 답을 하라구!"라는 호통을 각오해야 할 것이죠. 어쩌면 너무나도 당연한 얘기라고 하겠지만 실제 업무에서는 그렇지 않은 경우가 너무나도 많다는 사실!

좀 다른 얘기를 하자면, 아이러니하게도 실제 업무에서는 질문에 대한 답만으로는 좋은 평가를 받지 못할 가능성이 큽니다. (물론 질문에 대한 답도 없다면 상사의 심기가 상당히 불편해 진다는 것은 두말할 것도 없습니다.) What만 얘기하고 How를 얘기하지 않는다거나, 답변에 자신만의 생각이나 통찰이 담겨져 있지 않다면 누구에게나 시켜도 비슷비슷한 보고서와 답변이 될 것이기 때문입니다.

이것을 잘 드러내는 일화는, 과거 삼성전자 사장을 지냈던 진대제 정보통신부 장관이 가지고 있었던 인사고과 평가의 가이드라인과 관련됩니다. 그는 인사 고과를 배분할 때, 시킨 것 해내면 C, 시킨 것도 잘 해내지 못하면 D, 시킨 것을 잘 해내면 B, 시키지도 않은 것을 해내는 친구(=자기를 놀라게 하는 사람)는 A. 평가자와 피평가자 간의 괴리를 확연히 느낄 수 있고 새로운 일을 한다는 것이 얼마나 어려운 것인지를 간접적으로 보여주는 지침이라고 할 수 있을 것 같습니다.

PART 3

직관적 구조

 **논리적이란**

'논리적'이라는 단어는 주변에서 쉽게 접할 수 있습니다. 논리적으로 앞뒤가 맞아야 한다거나 논리적 주장, 사건사고의 인과관계에 대한 논리적 설명 등 우리가 살아가면서 생각하고 어떤 의사결정을 내리는 찰나의 순간에도 논리적인 사고는 필요하며 그렇게 쌓인 결과물이 지금의 모습이라고 해도 과언이 아닐 것입니다.

그러나 우리 주위 일상에서는 대단히 논리적이지 않은 대화가 많이 사용되고 있음을 쉽게 찾아볼 수 있습니다.

1. 오늘은 평소보다 일찍 출근을 합니다. 아침에 있을 회의에 쓸 자료와 회의실 상태를 미리 점검해야 하기 때문입니다.
2. 오늘은 평소보다 일찍 출근을 합니다. 어제 퇴근길에 차가 막혀 친구와의 저녁 약속에 늦었기 때문입니다.

우리는 두 문장을 보자마자 어느 한 쪽 문장이 논리적이지 못하고 어색하다는 것을 순식간에 구분할 수 있습니다. 대단한 능력입니다. 따로 어디서 배운 적도 없는 것 같은데 분명 가지고 있는 능력입니다. 이제 한글을 깨우친 지 얼마 되지 않은 아이들을 붙잡고 물어보면 이 두 문장 중 어느 쪽에 어떤 문제가 있는지 잘 구분할 수 없을 것입니다.

그렇다면 우리 머릿속에서는 어떤 사고의 과정을 거쳐 문장을 '논리적'이라고 판단하게 되는 걸까요? 용의자를 심문할 때 필요한 것이 물증이라면 우리가 가지고 있는 물증은 문장과 그 안에 있는 단어들 밖에 없는 것 같습니다. 논리적이라 생각하는 첫 번째 문장에서 '일찍'이라는 단어와 '미리'라는 단어, '출근'과 '아침'이라는 단어는 분명 서로 연관된 단어들입니다. 그리고 여기에 전반적인 상황이 우리의 경험에 입각해서 충분히 공감대를 형성할 수 있기 때문이라고 생각합니다. 반면에 두 번째 문장은 전후 단어 간의 연관성을 찾아볼 수 없습니다. 학창시절 첫 번째 문장과 마지막 문장을 주고 중간 과정을 자유롭게 써서 완성된 단락을 만들어보라는 창의력 문제처럼 느껴집니다. 친구와의 저녁 약속이 늦어져 오늘로 일정을 연기했고 오늘은 어제처럼 늦지 않기 위해서 평소보다 일찍 출근하고 일찍 퇴근하기 위함이라는 과정설명을 점프했을 수 있겠네요. 하지만 누가 설명해 주지 않으면 절대 알 수 없을 뿐만 아니라 설사 설명을 해 주더라도 억지스럽다는 느낌이 들 것 같습니다. 이렇듯 우리는 이미 논리적 사고를 하고 있고 앞뒤가 맞지 않는 글을 보면 직관적으로 그것을 찾아내는 기본적인 능력을 분명히 가지고 있는 것입니다.

이쯤 되면 우리들 모두 자신감이 충만해야 할 텐데 어쩐지 보

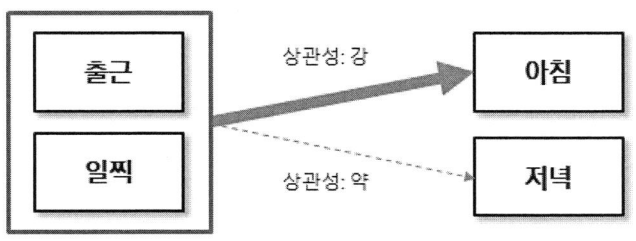

[논리적이다 = 언어 간 '강한' 상관성을 가지고 있다]

고서 얘기로 들어오면 갑자기 머릿속이 텅 비고 가슴이 답답해집니다. "논리적으로 맞아? 앞뒤 맞는 얘기야?"라는 상사의 잔소리가 마구마구 떠오르니 귀까지 먹먹해지는 것 같습니다. 아무 질문에나 '논리적'이라는 단어를 꺼내지는 않습니다. 말하고자 하는 주장, 메시지와 그것을 뒷받침하는 근거, 이유를 앞에 두고 서로 어떤 연결고리를 가지고 있는지를 물을 것입니다. 만약 연결고리에 대해 상사의 이해 범위 안에 있다면 논리적이라고 할 것이며 그렇지 않고 이해 범위 밖에 있는 경우라면 논리성이 없다고 할 것입니다. 이 잔소리의 원인을 크게 두 가지로 나눠볼 수 있을 것 같습니다. 하나는 조사 자체를 잘못한 경우, 다른 하나는 조사는 잘했음에도 설명을 제대로 못한 경우일 것 같네요. 그래서 보고서를 잘 쓰고자 한다면 두 가지 사항을 모두 다루고 있어야 합니다. 헛다리짚지 않기, 헛소리하지 않기.

두 가지를 모두 다루기 위해서 어떤 학습을 해야 하느냐에 대해서는 정답은 없는 것 같습니다. 다만 두 가지 모두 다루는 학습방법으로 논리학에 대한 얘기를 빠뜨릴 수 없을 것 같습니다. 사실 논리학 공부가 논리적 사고를 획기적으로 키운다고 생각하지는 않습니다. 논리 관련 서적 특히 학문으로 다루고 있는 논리학 서적을 들춰보면 연역 논증, 귀납 논증, 삼단논법, 추론과 오류 등 용어도 쉽지 않을 뿐만 아니라 얇게라도 한 번 마음먹고 공부를 해 보고자 그 속을 들여다보면 더욱 실망스러움만 느끼게 될 수 있습니다. 당장 어디에 써 먹을 수 있을 것 같진 않거든요. 물론 어떤 학문에 대한 난이도라는 것은 내가 아는 지식의 양에 비례하여 나에게 흡수되기 때문에 내가 이해하지 못한 것은 단지 한 두 번쯤 진득이 책상에 앉아 그것을 파헤쳐 보려고 노력하지 않았다는 방증일 수 있습니다. 어찌되었건 쉽사리 내 것으로 소화하기 어려운 분야인 것만큼은 틀림없습니다. 그렇게 내가 이해하지 못하고 내 것으로 채화되지 못하면 밖으로 나와 말로 혹은 글로 표현하기는 더더욱 어려운 일입니다. 그렇지만 그런 논리학 공부가 전혀 도움이 안 되는 것도 아닙니다. 그래서 여기서 냉정하게 쳐내지 않고 함께 끌고 가려는 것이지요. 최소한 논리적인 사고 체계 즉, 생각하는 방법에 대한 지도를 받는 데는 도움이 되고 후에 보고서의 '준비', '작성'시 중요한 가이드가 될 것입니다. 두괄식 표현이니 피라미드 구조니 MECE 사고니 등이 모두 논리적 사고를 위한 근간이 되고 생각하는 방법에 대한 분석도구(Tool ; 방법론)이기 때문입니다. 문서 작성하는데 이 부분을 깊이 있게 파고들 필요도 없지만 그 기본은 알고 있어야 보고서 구조의 뼈대를 세우는데 도움이 된다는 정도로 받아들이면 되겠습니다.

두괄식은 불편하다

누군가에게 메시지를 전달하고자 할 때 "거두절미하고 본론부터 말씀드리겠습니다."에 익숙해져야 합니다. 이런 말을 꺼낼 필요가 없을 만큼 자연스럽게 바로 본론으로 들어가도록 연습하여 듣는 사람에게 인지시키고자 하는 메시지를 첫 문장으로 꺼내놔야 합니다. 바로 두괄식에 대한 얘기입니다. 보고서의 논리적 구조를 얘기할 때 주로 사용하는 두괄식 보고, 피라미드 구조, Top-down 방식 등은 모두 전달하고자 하는 메시지를 먼저 얘기하는 사고의 흐름을 가리키는 전개방식입니다. 이 중에서도 가장 널리 (무려 30여 년간) 회자되고 있는 방법론으로 피라미드 구조가 있습니다.
맥킨지[3] 최초의 여성 컨설턴트 바바라 민토(Barbara Minto)의 저서 〈The (Minto) Pyramid Principle〉(국내도서명 〈논리의 기술〉)를 통해 구체적으로 그 과정을 공부할 수 있습니다.

개인적으로 두괄식 보고는 동양인의 사고방식과 어울리지 않는다고 생각합니다. 어떤 대상물 혹은 사람을 인지할 때 주변을 먼저 파악하고 주변환경과 연관지어 대상물을 생각하는 사고방식을 가진 동양과, 대상물을 먼저 인지하고 나서 주변환경으로 관심이 옮겨가는 서양의 사고방식의 차이에 대한 다양한 사례를 찾아볼 수 있습니다. 예를 들어, 아무런 배경 정보 없이 하늘 높이 풍선

---

[3] 맥킨지(McKinsey & Co.) ; 세계적인 경영컨설팅 회사

이 날아가는 사진을 보여주고 그 이유를 물었을 때, 동양인은 바람이 불어서 날아갔다고 얘기하는 반면 서양인은 풍선의 바람이 빠지면서 날아가고 있다고 얘기하는 쪽이 압도적으로 많다고 합니다. 저는 이렇게 대상물을 인지하는 관점의 차이가 글을 쓰는 방식에서도 나타나는 것이라 생각합니다.

보고서 첫 장을 실행 계획(Executive summary)로 시작하는 서양식(주로 미국식) 방식과 전체 개요부터 설명하여 결론은 후반부에 있는 동양식의 차이가 이런 문화적 기인도 영향을 받은 결과로 보는 것입니다. 달리 얘기하면 피라미드 방식이 우수하니 그렇게 따라가야 한다는 것은 우리 동양식 사고방식으로는 수긍하기 어려울 수 있다는 의미입니다. 차라리 고릴라 실험에서 보았듯이 무엇을 찾아야 하는지를 먼저 얘기함으로써 듣는 사람의 피로도(fatigue)를 최소화 시켜주기 위해 방법이라고 하는 편이 더 매력적으로 보입니다. 게다가 보고를 받는 사람이 두괄식 문서에 익숙하지 않아 뭔가 어색함 때문에 또 다른 피로를 호소한다면 아무리 피라미드 구조니 Top-down 방식이 논리적으로 좋다고 한들 '잘 쓴 보고서'라고 할 수는 없을 것입니다.

일상생활에서 낯선 이에게 무엇인가를 설명해야 하는 경우는 수없이 많습니다. 멀리서 서울에 오래간만에 올라온 몇몇 친구들과 함께 모임을 가지려 합니다. 이런 경우 아무리 친한 친구라 하더라도 다짜고짜 처음부터 삼겹살집이라고 하지는 않을 것입니다. 조금 더 보태어 3번 출구 옆에 있는 삼겹살집이라고 하더라도 충분히 설명했다고 할 수는 없을 것입니다. 친구라면 어느 정도 그 친구의 서울 지리에 대한 지식이 어느 수준인지를 알고 있을 것이며 그렇기 때문에 처음부터 핀잔과 투정을 듣지 않으려면 무슨 역

몇 번 출구 첫 번째 골목으로 몇 m 들어오면 보이는 무슨무슨 삼겹살집이라고 해야 비로소 짜증 섞인 목소리를 듣지 않고 '알았어'라는 대답이 들립니다. 그렇게 시간이 흘러 먼저 모인 친구들은 와자지껄 떠들고 있는데 알았다고 했던 그 친구들 중 누군가는 제 시간에 나타나지 않고 어디선가 길을 헤매다가 재차 확인하는 전화를 하게 됩니다. 길을 알려주는 사람은 나름대로 상대방 입장에서 헤매지 않도록 자세히 설명했다고 생각하고 있었고 심지어 알았다고 대답한 친구조차도 자신이 제대로 찾을 수 있을 거라 생각했을지도 모르나 실제는 그렇지 않은 모습에 서로 답답해할 것입니다. 그런데 이런 일들이 비단 일상생활에서뿐만 아니라 직장생활에서도 비일비재하게 벌어집니다. 일상생활에서 흔한 일이니 회사생활에서 벌어진다 하여 그리 놀랄 일은 아닌 것 같다고 생각할 수 있겠으나 반복적으로 그런 일이 벌어졌을 때의 본인에게 미치는 영향에 대해 생각해보면 쉽게 웃어넘길 일은 아닐 것으로 보입니다. 일상생활에서의 핀잔이 직장에서는 평가로 이어질 것이기 때문입니다.

전체본능

　동양인인 우리는 현상과 사물의 실체에 대해서 이해하려고 할 때 부분과 전체 중에서 후자인 전체부터 시작해야 '논리적으로 맞다'라고 판단한다고 합니다. 그래서 눈앞의 문제를 제대로 이해하기 위해서는 해당 문제가 전체 그림에서 어느 위치에 있는지에 대한 인식부터 명확하게 짚고 넘어가야 한다는 의미입니다. 그리고 그 인식은 주변의 비교 대상을 찾아 기준을 정함으로써 완성될 것입니다. 이제 이것을 '전체본능'이라고 부르겠습니다. 대부분의 보고서 관련 서적에서 두괄식 서술을 얘기하고 있습니다. 항시 수많은 문제에 시달리는 바쁜 상사들이 결론부터 듣고싶어 하는 것은 동서양을 막론하고 일맥상통하는 부분이기도 합니다. 두괄식에 대해서 적극 찬성하지만 전체본능에 따라 숲을 함께 그리는 것은 지극히 동양적인 사고방식이라고 할 수 있습니다. 전체를 확인하고 특정 지역으로 들어가는 순서는 서양의 눈으로 본다면 왜 불필요하게 남의 것에 관심을 갖는지 이상하게 생각할 수 있는 부분입니다. 우리가 살고 있는 집 주소가 '… 중구 서울 대한민국'이 아닌 '대한민국 서울 중구 …'인 것도 그런 이유라고 할 수 있겠네요.

　살아가면서 그리고 나이가 들면서 전체본능은 점차 강해지는 경향이 있습니다. 그 원인은 주변 사람들과의 네트워크가 넓어지고 나 혼자만 생각하던 사고방식에서 가족을 먼저 생각하게 되고 부모를 챙겨야 하는 등의 주변 환경이 달라지기 때문일 수도 있습니다. 대부분 수직적인 구조를 가지고 있는 우리의 회사에서 지위가 높아져 여러 사람을 움직이고 회사를 생각해야 하는 간부 위치에 오르게 되면 전체본능은 회사에서의 생존본능으로 움켜쥐고 강화해 나가려 할 것입니다. 신입사원 시절, 문제에 대해 단편적으로 직접적인 인과 관계만을 파악했다면 시간이 흘러 경험이 쌓이고 해당 문제에 영향을 주는 혹은 영향을 받는 업무에 대한 경험을 더하게 되면서 동일한 문제에 다시 부딪혔을 때는 전후 영향까지도 예측할 수 있게 됩니다. 그리고 더 많은 경험을 거쳐 전문역량이 쌓이게 되면 회사를 움직이는 시스템에서 하나의 문제가 어떻게 영향을 미치는가에 대한 가치의 흐름까지도 파악할 수 있게 될 것입니다. 이렇듯 전체본능을 따르는 것은 문제를 이해하는 데 기본이 되는 자연스러운 사고 체계입니다.

사물을 이해하는 방법에서도 전체본능은 작동합니다. 우리가 '알다'라고 받아들이기 위해서는 지금까지 자신이 이해하고 있는 사실에 견주어 상황을 정리해 나가게 됩니다. 뇌 과학 분야에서도 '연합의 법칙'이란 것이 있습니다. 새로운 것을 배우려고 할 때 우리는 과거의 경험을 절대적으로 활용하여 서로 두 정보간의 연결고리를 찾아 실마리를 풀어가려는 뇌의 능력을 가리킵니다. 실제로 실마리는 뇌의 신경세포인 뉴런의 가지 신경 세포의 하나이며 다른 정보를 가진 뉴런의 신경 세포 줄기와 새로운 신경망이 형성되면서 기존정보를 나누는 활동을 한다고 합니다. 이런 사실을 바탕으로 분석하라는 보고의 기초는 기존에 알고 있는 대상을 '나누는 것'과 '비교하는 것'에서 출발하게 됩니다. 예를 들어 어떤 문제점에 대한 보고는 모두가 알고 있는 정상적인 혹은 이상적인 모습과의 비교입니다. 문제점 전체를 비교할 수 있겠으나 문제의 성질에 대한 깊이 있는 이해를 위해서는 우선 나누는 작업이 필요할 것입니다. 그리고 나누어진 하위 항목들 간의 비교는 전체를 비교하는 것보다 한 단계 높은 수준의 정보를 제공하게 됩니다. 나누거나 비교하는 작업없이 단지 문제점만을 설명한다면 보고받는 상사는 피상적으로 이해하게 됩니다. 그렇다면 업무가 더 길어지겠지요. 만약 전체 범위를 어디까지 해야 할지 모호하다면 보고받는 상사가 다루는 업무범위를 기준으로 주변정보를 정리하는 것이 최선입니다. 사실, 상사가 어디까지 알고 있느냐를 파악하는 것이 진정한 업무 스트레스의 시작이죠. 스무고개 놀이도 아니고 한 번 정도 물어볼 수는 있어도 두 번 묻기는 부담스러울 수밖에 없기 때문입니다.

피라미드 구조론이 아닌 '피로최소원칙'

그렇다면 피라미드 구조론을 우리는 어떻게 이해해야 할까요? 만약 당신이 여러 장의 보고서를 들고 상사의 눈앞에 펼쳐 놓으면 상사는 먼저 두 가지 정도를 떠올릴 것 같습니다. '(시키지 않았던 일이라면) 갑자기 무슨 얘기를 하려는 거지?', '(시킨 일이 있다면) 그래 엊그제 지시했던 그걸 가지고 왔군.' 정도가 되지 않을까요?

갑자기 무슨 얘기를 하려고 하든, 엊그제 지시했던 결과를 가지고 왔든 상사의 궁금한 사항은 '보고서를 통해 말하고자 하는 바가 무엇일까?'이며 이내 대부분의 상사는 '자, 한번 무슨 얘기인지 들어보자'로 생각의 초점이 옮겨 갈 것입니다. 그런 궁금증이 잔뜩 올라와 있는 상태에서 요리조리 주변을 빙빙돌면서 얘기하면 슬슬 답답함이 밀려오게 됩니다. 내용이라도 귀에 쏙쏙 들어오는 매력적인 도입부를 만들어 흥미진진하게 관심을 유지시킬 수 있다면 다행이겠으나, 그렇지 않고 보고하는 직원만 열심히 떠들고 있고 듣는 사람은 순간 흐름을 놓치거나 생각이 끊기기 시작하면 금세 피로가 밀려오기 시작합니다. 빙빙 돌지 않고 바로 본론으로 들어가야 하는데, 동방예의지국의 핏줄을 물려받은 우리는 결론부터 얘기하면 직설적이고 불만이 가득하여 도전적으로 나서는 것처럼 느끼기도 합니다.

앞서 소개한 심리학 실험 '보이지 않는 고릴라 실험'은 보고서 작성에 또 다른 의미를 줍니다. 우리가 쉽게 찾아내지 못하는 이유를 역이용하면 어떻게 남들에게 내가 희망하는 대로 집중시킬 수 있는지를 간파할 수 있습니다. 즉, 어떤 주제에 대해 얘기하려고 할 때 어떤 포인트에 집중해야 할지를 미리 알려주는 것입니다. 바로 '피로최소원칙'이 필요합니다. 생각의 흐름이 물 흐르듯 자연스럽게 흘러가면 피로가 늘지 않지만, 흐르는 물이 바위에 걸리고 나뭇가지에 걸려 겉돌고 휘감기면 피로가 쌓이기 시작합니다. 즉, 고릴라를 찾아야 한다고 미리 알려주는 방법은 지극히 단순하지만 피로가 쌓이지 않도록 해 주는 최적의 방법입니다.

굉장히 단순한 얘기죠? 하지만 실제 업무에서는 알고서도 애써 의식하지 않으면 잘 안되기 때문에 반복해야 되는 것입니다. 또한 알고 있어도 미리 어떤 말을 할지 정리해 가지 않으면 자연스럽지 않을 수 있기 때문에 연습이 필요한 부분이기도 합니다. 학창 시절 언어 능력이 그리 뛰어나지 못했던 터라 항상 후반부에 나오는 긴 지문에 상당히 당황하곤 했습니다. 언어 영역이든 외국어 영역이든 마찬가지였죠. 그러던 외중 문제 풀이 요령으로 지문을 읽고 문제를 풀기보다 문제를 먼저 읽고 지문을 읽는 요령을 터득하여 보다 쉽게 답을 찾고 시간을 절약할 수 있었던 기억이 나네요. 무엇을 해야 할지를 친절하게 가르쳐 주는 것은 듣는 사람을 편안하고 안심시켜 주는 방법 중 하나인 셈입니다. 미리 무엇을 봐야 한다고, 무엇을 들어야 한다고 알려 주고 나면 이제 의구심은 풀어지고 의혹의 눈초리는 사라지면서 좀 더 관심을 집중할 수 있을 것입니다. 듣는 사람이 자신의 지력을 더 이상 낭비하지 않아도 되기에 듣기 편안해집니다.

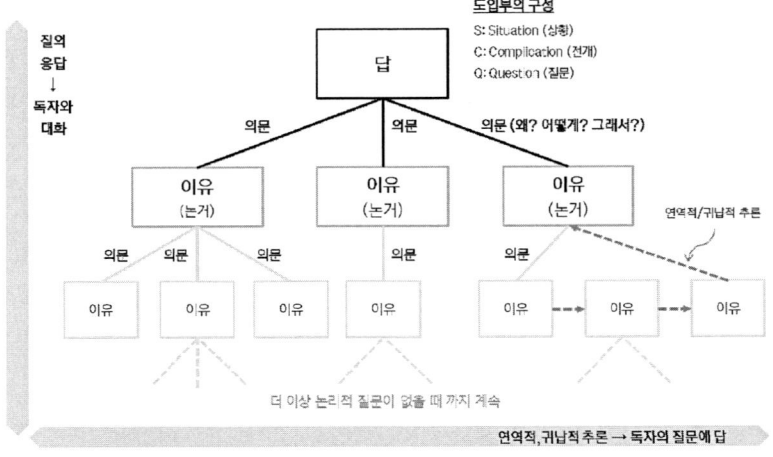

[피라미드 구조론 도식화]

피라미드 구조는 직관적인 사고의 흐름을 기반으로 하고 있어 충분히 공감할 수 있는 논리적 사고의 해법이긴 하지만, 상사에게 보고하는 형태의 문서를 생각하는 직장인들에게는 조금 괴리감이 느껴질 수도 있습니다.

맥킨지 등 경영컨설팅사를 통해 이뤄지는 컨설팅 계약은 고객의 입장에서 내부의 문제를 스스로 해결하는데 한계를 느끼고 해당 분야의 전문가를 통해 문제에 대한 해결책, 추진 방향, 전략 등을 구하고자 하는 업무 아웃소싱 방법입니다. 분석의 전문가이기는 하나 의뢰 회사의 내부 사정을 파악하기 위해서 Zero Base에서 정보를 수집하고 범죄를 수사하는 검사처럼 수집된 데이터에서 사실(Fact)을 분리해 이를 객관적으로 평가하기 위해 노력합니다. 메시지와 함께 이를 뒷받침하기 위한 가설을 수립하고 검증하여 고객 설득을 위한 데이터를 확보하여 메시지가 합리적인 이유를 설명하게 됩니다. 보고서를 준비하는 과정에서도 컨설팅은 팀을 이뤄 조직적으로 활동하기 때문에 그 규모 면에서도 지금 우리가 당면한 문제와 차이가 있을 수밖에 없을 것입니다.

동양과 서양의 생각의 방식에 따른 차이라고도 설명될 수 있습니다. 영어에서 이해하다라는 단어는 Understand가 있지만 See도 같은 의미입니다. 'I see'는 '알겠다'는 의미를 가지고 있습니다. 서양에서 무엇을 이해한다는 것은 직접적으로 사물을 볼 때 이해한다고 판단합니다. 지극히 다루는 대상(Object)에 집중하고 다른 외부 요인의 개입 없이 그 것 자체로 대상물을 인식하는 사고방식입니다. Objective가 '목적'이라는 뜻과 함께 '객관적'이라는 의미를 가지는 것도 같은 맥락입니다. 대상물을 놓고 하나씩 쪼개어 나가면서 쪼개진 개체를 또 다시 분해해 나가면서 본질은 무엇인지를 파악하려 하는 작업을 분석 활동의 시작입니다. 이런 사고 기질은 논리학을 탄생시킨 연유이기도 합니다. 두괄식을 필두로 하는 논리적 글쓰기 방식이 서양에서 먼저 나올 수밖에 없는 것도 지극히 그들의 입장에서 자연스러운 관점이기 때문일 것입니다.

동양의 사고는 대상물을 둘러싸고 있는 환경요인과 전체 그림을 먼저 머릿속에 떠올리며 시작합니다. 제 3자의 눈으로 남들이 나를 어떻게 보는지에 대해서 고민을 많이 하고 어떻게 주변과 상호 작용을 하고 있는지에 대한 관심이 많습니다. 당연히 말을 할 때도 그리고 그것을 그대로 글로 옮겨 적을 때도 달라지지는 않습니다. 주변을 모두 알고 있고 어떤 영향을 미치고 있는지에 대한 관찰이 끝나야 비로소 중앙에 있는 목적물, 메시지를 제대로 알고 있다고 판단하는 사고 절차입니다. 분석도 서양과 반대로 흘러갑니다. 쪼개는 활동은 비슷하나 쪼개어진 개체를 설명할 때는 다시 전체 본능으로 돌아와 전체 비교를 통해 서로 다른 두 개를 이해하려고 합니다.

요즘과 같은 글로벌 사회에서 위 두 가지 사고방식을 놓고 어느 쪽이 틀렸다(Wrong)이라고 말하지는 않을 것입니다. 서로 다르다(Different)라고 말합니다. 우리의 시선을 볼 때 맥킨지가 틀린 게 아닙니다. 그저 다른 것뿐입니다. 그리고 최소한 비즈니스 세계에서는 중요한 전개방식이라는 것입니다. 그래서 트레이닝이 필요합니다. 그래도 우리는 여전히 두괄식에 불편함을 느끼고 몸에 익숙해지는데 시간이 걸릴 뿐이며 그래서 이런 논리적인 글쓰기로 사고방식을 전환시키려고 하니 영어를 처음 배울 때 우리의 언어와 동사와 목적어의 위치가 서로 다른 것을 몸에 익히는 것만큼이나 시간이 필요하다는 것을 알고 시작해야 할 것입니다.

피라미드 구조에 대해 조금은 삐딱하게 얘기를 했지만 논리적인 글쓰기에 대해 가장 체계적으로 정리된 방법론임은 분명합니다. 수십 장의 보고서만이 글쓰기에 해당되는 것은 아닙니다. 단 몇 줄의 업무 메일을 쓰더라도 전달할 메시지를 먼저 얘기하고 그 이유를 붙이는 피라미드 구조식 글쓰기는 업무에 대단히 유용하게 활용될 수 있는 방법론입니다. 다만, 그 이유는 유명한 컨설팅 회사에서 쓰더라는 인지도 때문이 아니라 보는 사람, 듣는 사람의 피로를 가장 줄여주는 방식이라는 점 때문에 훌륭한 것이고 이를 몸으로 익혔으면 하는 바람입니다.

 **MECE**

MECE?

[Mutual Exclusive, Collectively Exhaustive]

'MECE'는 논리적인 글, 기획 관련된 업무를 하다보면 필수적으로 듣는 용어입니다. 이미 기본 개념을 알고 있다하더라도 다시 한 번 보고 숙지하여 실제 업무에 어떻게 활용할지에 대해서 깊이 고민해 봐야 할 개념입니다.

일상생활에서 낯선 이에게 무엇인가를 설명해야 하는 경우는 수없이 많습니다. MECE 사고는 전체본능의 시작이라고 할 수 있습니다. MECE는 맥킨지에서 고안한 분석 원칙으로 'Mutually Exclusive, Collectively Exhaustive'의 약어입니다. 그대로 풀이하면 '서로 중복되지 않되 배타적이면서 누락됨이 없도록 한다.'는 분류 개념입니다. 단언컨대 기획자라면 MECE 뇌 구조를 가져야 한다고 해도 과언이 아닐 만큼 중요한 개념이기도 합니다.

MECE는 대상을 이해하기 위한 분석의 시작입니다. 분석은 '나누기 + 비교하기'라 하였습니다. 나누는 것이 분석의 의미이긴 하나 그것은 과정일 뿐이며 궁극적으로는 상대방에게 정보를 전달하기 위한 것이므로 비교하기로 이어져야 합니다. 그래서 어떻게 나누는지에 대한 고찰이 필요한 것이며 생각을 정리하고자 할 때 훌륭한 도구로서 활용될 수 있습니다.

학생과 관련된 정보를 분석하고자 합니다. 그래서 학생을 나누고 비교하려고 합니다. 초등학생, 중고등학생, 대학생으로 구분한다면 이는 MECE에 부합되지만 8세~13세, 14~19세, 20~24세로 나눈다면 반드시 8세가 모두 초등학생이고 1년 일찍 7세에 입학한 초등학생은 범위에서 누락되게 될 것이기에 MECE 원칙에 위배되게 되며 이후 전개되는 논리 흐름의 응집력이 떨어질 수밖에 없을 것입니다. 가까이 보면 회사의 조직구조도 MECE원칙을 바탕으로 하고 있는데, 회사의 모든 업무는 회사 어느 부서에선가 처리하고 있을 것이며 그 기능이 서로 중복되지 않도록 되어있기 때문입니다.

이렇게 MECE 원칙을 바탕으로 하는 사고는 문제를 여러 측면에서 바라볼 수 있도록 해줄 뿐만 아니라 군더더기가 없도록 함과 동시에 누락된 부분도 없도록 도와준다는데 강력한 힘을 발휘합니다. MECE를 주로 경영학에서 다루고 있긴 하나 생각의 방법을 제시하는 사고의 원칙이기 때문에 활용범위에 제약이 있을 수는 없습니다. 어느 분야건 좋은 이론은 활용하기 나름이겠죠?

앞서 단어 '신상털기'에서 제조 원가 절감을 위한 계획을 수립한다고 예시를 들었습니다. 원가의 구성요소인 재료비, 노무비, 간접비(경비)로 나누거나 직접원가, 간접원가 등으로 나눈다면 보다 합리적이고 타당성 있는 분류기준이 된다는 것을 알게 되었습니다. 그리고 다시 여기서부터 시작하여 구성요소를 분해하고 혹, 해당 문제에 대한 경험이 부족하거나 유사 사례가 없다면 관련 전문 서적을 참고하는 것도 보고서의 질을 높이는 좋은 방법이 될 것입니다.

원가 = 재료비 + 노무비 + 제조경비
노무비 = 임금 + 급여 + 상여 + 퇴직금 + 복리후생 등
제조경비 = 에너지비 + 소모품비 + (설비/건물)감가상각비 + 물류비 등

그리고 이어지는 비교 작업은 각 항목별 전년도 혹은 경쟁사와의 비교를 통해 현재의 위치를 이해하고 이상적인 목표를 가늠하기 위한 힌트를 제공할 것입니다.

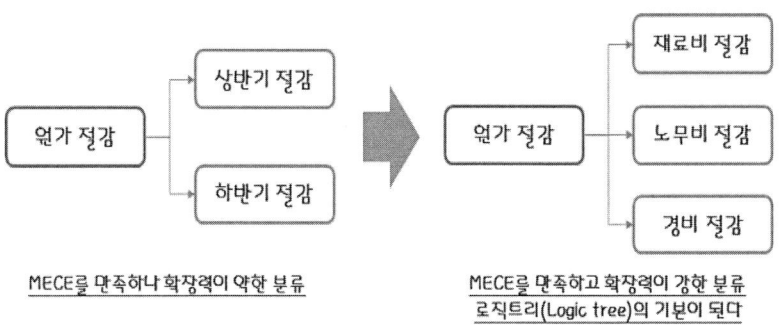

베껴 쓰는 MECE 분석도구

　　MECE는 전체 현황을 이해하여 문제의 위치를 파악하고자 하는 용도와 문제를 구체화하기 위해 분해하는 용도로 두 가지 다 활용될 수 있습니다. MECE를 쓰기 위한 전처리 단계로써 논리적 분류나 그룹화(grouping)는 사실 매우 어렵습니다. 이는 아직 문제에 대해 정확하게 이해하지 못한 상태에서 처음부터 너무 깊게 들어가는 바람에 문제를 바라보는 기준, 즉 해결해 나가야 하는 방향이 아직 명확하지 않기 때문이기도 합니다. 실제로 아이디어를 발굴하고 정보를 종합하여 유사항목끼리 묶는 작업을 할 때, 혹은 반대로 문제를 분석하고 요소별로 구체화하기 위해 분류하는 작업을 할 때 어떤 기준으로 묶는 작업을 하였는지, 어떤 기준으로 분해하는 작업을 하였는지에 대해서 그 작업을 했던 당사자에게 직접 질문을 하여도 이를 명쾌하게 설명되는 경우가 많지 않습니다. 게다가 시간이 흐르면서 문제의 본질이 나중에 드러나게 되면서 위의 과정을 처음부터 다시 하는 경우도 종종 있게 됩니다. 이러한 모호한 순간은 동료들 간에 논의할 당시에는 거의 발견되지 않지만 상사에게 보고하기 위해 서류를 펼치는 순간 눈에 확 들어오게 됩니다. 나의 잘못은 결코 내 스스로 발견할 수 없지만 남에게는 너무나도 쉽게 보이는 건 왜 그런지 모르겠네요. 이러한 오류를 최소화하고 명확한 기준을 세우기 위해서는 많은 학습과 경험과 고민이 필요합니다. 그리고 학습을 통해 얻는 지식을 활용하는 것도 적극적으로 고려해 볼 만한 시도입니다. 많은 시간을 단축시킬 수 있고 검증된 기준이라는 후광효과도 기대해 볼 수 있기 때문입니다.

　MECE는 분류에 대한 사고원칙입니다. 많은 비즈니스 상황에서 MECE를 충족하는 적합한 분류기준을 생각해 내는 것은 물리적으로도 시간이 걸릴 뿐만 아니라 생각의 깊이가 다른 많은 사람들에게 공개되었을 때 서로 합의하고 다음 단계로 넘어가기가 쉽지 않습니다. 청중의 심리가 그렇습니다. 대부분 잘한 점, 배울 점, 다른 사람들과 다른 독창적인 부분 등을 찾고 칭찬보다는 작은 오탈자부터 논리적 결함, 모호한 표현, 어색한 배치까지 보다 우월함을 증명하기 위해 상대방의 결점을 찾는 능력이 본능적으로 더 강하다고 합니다. 분류기준을 생각해 내는 것은 기획자의 역할보다 오히려 학문 연구자의 역할로 남겨놓는 게 더 유용합니다. 문제의 현장을 발로 뛰어야 하는 우리는 가급적 이미 검증된 분류체계를 이용하는 방법이 훨씬 업무진행에 있어 효율적이라는 의미입니다. 이렇게 검증된 도구를 사용하는 것은 전문성을 확보했다는 효과를 가지고 있기 때문에 듣는 사람의 반론의 여지를 줄일 수 있기 때문에 상대방에게 설명하고 설득하는데 더욱 효과적입니다. 단, 적절한 시점에 적절한 도구를 쓴다는 가정이 뒷받침되어야 할 것입니다.

　사실 MECE는 사고방식의 일종이지, '도구(Tool)'라는 단어를 붙이는 것은 적절하지는 않습니다. 하지만 공구함처럼 여러 가지 공구가 함께 담겨 있고 필요한 시점에 적절한 공구를 꺼내 쓸 수만 있다면 보고서를 쓰는데 유용한 도구가 될 것입니다. 그래서 아래에 MECE에 기반한 각종 분석도구를 소개하고자 합니다. 간단히 개요를 언급하는 정도이기 때문에 직접 활용하고자 한다면 관련 자료와 활용 사례를 부지런히 찾아보고 실제 업무에 적용해 보는 시도를 반드시 해 보아야만 할 것입니다.

〈MECE에 기반한 분석도구〉

1. Ansoff Matrix (Ansoff 성장 벡터)
2. SWOT 분석
3. 3C 분석
4. 생산 4요소 (4M)
5. 마케팅 전략 4P

1. Ansoff Matrix (Ansoff 성장 벡터)

미국 경영학자 Ansoff가 고안한 것으로 제품과 사업성장의 방향성을 분석하는 데 유용합니다.

	기존 제품	신 제품
기존 시장	시장 침투	시장 개척
신 시장	제품 개발	다각화

① 시장침투(Market penetration): 기존 시장에 기존 상품을 더 깊숙히 침투시키는 방향. 경쟁력 있는 핵심 기술을 더 강화하고 제품군을 확대함과 동시에 품질 및 원가에서도 혁신하여 경쟁자와의 격차를 더 벌리도록 한다.

② 시장개척(Market development): 기존 제품으로 새로운 시장으로 진입하려는 방향. 우리에게는 어렵지 않으나 남들에게는 참입하기 어려운 제품과 기술의 경쟁력을 활용하여 새로운 시장, 새로운 고객에게 차별화된 제품을 보여주어 성장 발판을 마련할 수도 있다.

③ 제품개발(Product development): 기존 시장에 새로운 제품을 개발하여 투입하고자 한다. 지속적인 시장의 성장을 확신하고 자사의 강점을 활용한 자체 신기술개발 또는 인수합병 검토. 기존 제품의 문제점을 극복한 새로운 제품을 제시하여 시장을 이끌고자 한다.

④ 다각화(Diversification): 새로운 시장에 새로운 제품을 투입하는 방향으로 위험도가 높다. 사업의 성장성, 시장의 호응도, 미리 확인이 어려운 기술장벽 등의 리스크가 있으나, 성공할 경우 시장을 개척하고 업계를 리드할 기회를 얻게 된다.

2. SWOT 분석

1970년대 미국 경영컨설턴트 앨버트 험프리(Albert Humphrey)에 의해 고안된 것으로 분석 대상의 '강점(Strength), 약점(Weakness), 기회(Opportunity), 위협(Threat)' 앞자를 따서 만든 분석기술입니다. (종종 누가 고안했는지를 찾는 이유는 해당 Tool 이 어떤 목적으로 어떻게 활용하기 위해 고민한 결과인지를 알기 위함입니다. 우리가 지금하고 있는 고민들은 과거에도 해 왔다는 사실을 알게 될 것입니다)

고객 분석, 보유 역량 분석, 시장 전망 분석, 경쟁사 분석 등은 모두 '내부환경요인'과 '외부환경요인'으로 나뉠 수 있고 궁극적으로 우리에게 '무엇을 해야 하는가?'에 대한 결정을 내리는데 도움을 주는 표이다. 경쟁환경을 분석하고 SWOT은 유용하게 활용할 수 있습니다.

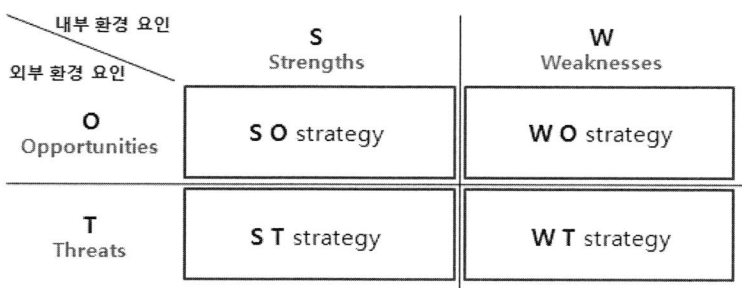

SWOT Matrix

① SO 전략(강점 성장 전략):
강점을 살려 새로운 기회를 포착하는 공격적 전략
② WO 전략(약점 극복 전략):
약점을 보완하거나 회피하면서 새로운 기회를 놓치지 않는 전략
③ ST 전략(강점 이동 전략):
강점을 살려 위협을 회피하거나 돌파하는 전략
④ WT 전략(약점 축소 전략):
약점을 보완하거나 회피하여 위협을 최소화 하는 전략

3. 3C 분석

사업계획, 마케팅계획 수립시 자사의 강점을 활용하면서 지속적인 경쟁우위를 확보하기 위해 비즈니스 환경을 분석하기 위한 도구로 '고객(Customer), 경쟁사(Competitor), 자사(Company)'를 의미. 거시적인 환경보다는 세분화된(Segmented) 범위를 우선 선정한 후 해당 영역에 대한 환경 분석도구로 종종 활용됩니다. 3C 각각의 분석 포인트는 다음과 같이 간략하게 정리해 볼 수 있습니다.

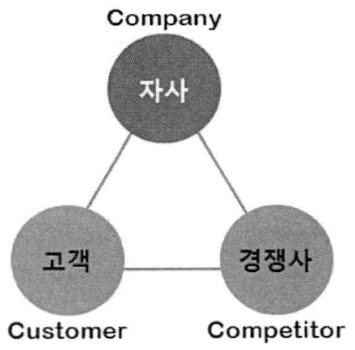

1) 고객(Customer): 시장의 규모, 트렌드, 주 고객의 특성과 속성
2) 경쟁사(Competitor): 주 경쟁사의 약점, 모델 기업의 추종 포인트, 경쟁력 포인트
3) 자사(Company): 강점과 약점, 주력 제품의 공헌도, 사업 흐름 및 조직체계

참고로, 3C 분석은 세분화된 영역에 대한 분석용이라고 하면 앞서 언급했던 이를 둘러싼 거시적인 환경분석을 위해서 마이클 포터(Michael E. Porter) 교수가 창안한 '5-Forces Model(산업

구조분석모형)'과 함께 동반되어 분석되기도 합니다. 5-Forces는 '기존 기업간의 경쟁정도, 신규기업의 진입위협, 대체재의 존재유무, 구매자의 협상력, 공급자의 협상력' 그룹으로 분류된 분석도구이며 기업의 경영전략 수립 및 신사업기획에 있어 자주 사용됩니다.

4. 생산 4요소 (4M ; Man, Machine, Material, Method)

제품 제조에 필요한 직접적인 요소를 누락됨이 없이 고려하고자할 때 자주 활용할 수 있는 도구입니다. 4M은 인력, 장비/시설, 자재, 작업방법을 가리키며 각 해당 항목에 대해 다음과 같은 관점에서 세부 내용을 분석해 나갈 수 있습니다.

1) Man(인원) : 필요한 장소에 필요한 인력, 적정한 업무 로드 분배, 작업 표준의 준비 사항 등에 대한 분석
2) Machine(설비) : 필요 설비 수, 설비 배치, 설비의 성능과 한계치, 설비의 유지 관리에 필요한 운영/보수 등의 제반 사항, 소모품의 공급과 품질 등에 대한 분석
3) Material(재료) : 제품의 원료에 대한 공급 절차 (Supply chain), 원료의 품질, 재고관리 등에 대한 분석
4) Method(방법) : 공정의 작업 순서, 설비의 운전 절차, 작업 표준, 품질 판정을 위한 검사 순서 및 규격 등에 대한 분석

5. 마케팅 전략 4P (Product, Price, Place, Promotion)

1960년대 미국의 제롬 맥카시(E. Jerome McCarthy) 교수에 의해 정립된 마케팅 전략도구입니다. 4P는 각각 제품(Product), 가격(Price), 시장/유통(Place), 홍보/촉진(Promotion)을 가리킵니다. 하나의 상품을 개발하고 시장에 내 놓기 전에 무엇을 살펴보고 결정을 해야 하는지에 대한 점검항목으로 활용될 수 있습니다.

1) 제품(Product): 기업이 판매하고자 하는 제품으로 소비자가 필요로 하는 것, 매력적인 것. 구매하고 싶은 것이 제품.
2) 가격(Price): 단순히 수치적인 높낮이만을 의미하지 않으며 제공받는 서비스를 포함하여 소위 '가성비'를 의미.
3) 유통경로(Place): 소비자가 원하는 장소에서 구매하기 편리한 서비스를 제공함을 추구.
4) 판매촉진(Promotion): 소비자의 생활방식과 욕구를 기반으로 적재적소에 다양한 방식으로 고객과 제품에 대해 소통하는 수단.

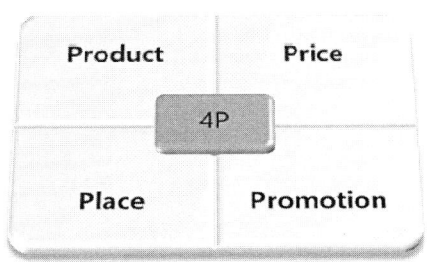

연구자는 예외없이 모든 경우를 설명할 수 있는 하나의 통일된 이론을 찾는데 목표를 둡니다. 이런 경우에는 적용되나 다른 경우에는 예외라고 한다면, 이것은 일시적인 이론일 뿐이며 예외와 결함이 있다는 반증일 수 있기 때문입니다. 수정·보완되어 해결된다면 다행이겠으나 완전히 다른 이론으로 대체되면서 무너질 때도 많습니다. 특히 과학계에서는 그런 이론들은 수없이 많죠. 하물며 사회, 경제를 다루는 분야에서는 시대의 흐름에 따라 이론과 경향 그리고 명제가 달라질 수밖에 없기에 이러한 도구들은 사실 태생적으로 완전무결하지 않을 수도 있겠네요. 그렇지만 지금까지 소개된 도구들은 수많은 경영학자들이 연구에 연구를 걸쳐 수십 년간 경영분야에서 활용되고 있는 분석도구들입니다. (물론 일부는 여전히 진화하고 있기도 합니다.)

이들 도구들의 공통점은 용어 그 자체로만 볼 때 따로 학습을 할 필요가 없을 만큼 아주 흔한 일상적인 용어를 사용한 지극히 단순한 분류라는 점에 있습니다. 이것들이 아름다운 점은 오히려 이러한 도구들에 부연설명이나 수식어를 붙이면 거추장스러워 보일 만큼 어떠한 명제의 핵심을 표현하는데 있어 부족함이 없다는 점입니다. 콜롬버스의 달걀처럼 막상 해결하면 너무 쉬워 보이는 것들이기도 합니다. 하지만 쉬워 보인다는 것은, 단순한 것이며 그것은 사람들이 직관적으로 받아들일 수 있는 도구라는 뜻입니다.

구슬이 서 말이라도 꿰어야 보배라는 말처럼 소개된 다양한 분석도구가 많다고 하여 보기만해서 배부를 수는 없습니다. 실제 업무에서 이것을 사용하려 경험해 본 사람들은 어느 도구든 막상 활용하려고 종이를 펼쳐 놓으면 각 위치에 데이터를 채워 넣는 게 쉽지 않다는 것을 알고 있을 것입니다. 그래서 어느 방법론이든

다년간의 사용경험과 여러 사례학습(case study)을 통해 정확하게 사용할 수 있는 것이 필요합니다. 그래야만 보다 충실한 보고서가 작성될 수 있을 것입니다.

분석도구의 함정과 올바른 사용법

앞서 여러 MECE 분석도구에 대해 살펴보았습니다. 문제를 파악하기 위해 사용하는 도구로서 검증된 분석도구를 적극 활용하자고 하였지만 여기서는 그 반대로 냉정하게 봐야 할 점에 대해서 얘기하고자 합니다. 도구가 문제를 해결해 주지 않는다는 점입니다. 좀 더 극단적으로 이런 도구 자체를 받아들이지 않는 사람들도 있습니다. 전혀 반대의 얘기를 하는 이유는 자료 그 자체를 만드는데 집중한 나머지 문제해결이라는 본질을 놓치거나, 분석 이후 해야 할 문서작성을 제대로 하지 않거나, 단지 검증된 도구라 하여 아무때나 사용하여 혼란에 빠지는 경우를 자주 보아왔기 때문입니다.

> '법형식주의'와 '법현실주의'가 있습니다. 법형식주의는 판사들이 주어진 법에 따라 논리적인 사고와 충분한 과정을 거치면 공정한 결론에 이를 수 있다는 관점이며, 법현실주의는 판사들이 법 조항을 살펴보기 전에 이미 잠정적으로 사건에 대해 선호하는 결론을 내렸고 법 조항은 단지 이렇게 내린 결론을 합리화하는 도구의 역할을 한다는 관점입니다.

사회적으로 이슈가 되는 사건들에 대해서는 공식적으로 사건이 수임되기 전에 수많은 네티즌과 매체의 보도로 사건에 대한 내막을 적나라하게 알게 되고 더불어 여론동향도 접하기 때문에 과연 공정한 판결이 내려질까 의구심이 들기 충분합니다. 하지만 일반인들이 생각하는 것보다 훨씬 적은 형량이 선고되는 상황을 보면 순간적으로 당혹스럽기는 하나 그러한 잡음을 제거하고 공정한 판결에 집중하는 판사들의 직업훈련의 결과가 아닐까라는 생각도 듭니다. 이를 모방해서 분석도구를 활용하는데 있어 '도구 형식주의'와 '도구 현실주의'로 나눠보고 싶습니다. 여러분은 도구 형식주의인가요? 아니면 도구 현실주의인가요?

제가 한 때 근무했던 직장에서 식스시그마4)를 정규툴로써 사용했습니다. 흰색, 초록색 벨트를 거쳐 검은벨트(마치 태권도의 '검은띠'처럼 최상위 등급을 의미함)에 이르는 레벨 취득이 승진을 위해서는 의무적으로 거쳐야 하는 요건으로 평가되었습니다. 유용한 분석도구 사용을 장려하고 이를 업무에 내재화하기 위해서 모든 업무를 하는데 식스시그마를 적용하여 진행하도록 하였습니다.

식스시그마의 방법론은 크게 DMAIC, DMADV로 나눌 수 있습니다. 하나는 제조업 분야에서, 다른 하나는 개발 분야에서 적용하기 유용한 '일 하는 순서'라고 볼 수 있을 것입니다. 새로운 분석도구에 대한 적응도를 높이고 서로 한 방향으로 가기 위해서 같은 용어를 사용한다는 것은 대단히 중요한 일임은 분명합니다. 그리고 실제로 일의 절차에 있어서도 문제를 정의하고 현 수준을 측정한 다음 문제를 세분화하여 핵심 문제를 찾아 해결해 나가는 과정 흐름에 만족감을 보이기도 하였습니다. 이는 가시적인 성과와 업무 체질 개선에도 기여를 했다고 보입니다. 그렇게 3~4년 정도

---

4) 6시그마(Six sigma) ; 시그마(σ)는 통계학의 정규분포에서 표준편차를 의미하는데, 6배의 표준편차(6시그마) 내로 불량률을 낮추어 품질혁신과 고객만족을 달성한다는 전사적 기업경영전략이다.

시간이 흐르면서 반복되는 교육과 업무 활용을 거치고 나니 식스 시그마의 개념이 머릿속에 새겨지고 단계별로 어떤 일을 해야 하는지 술술 풀어 쓸 수 있는 경지에 이르게 됩니다. 하지만 다른 부작용이 나타나기 시작합니다.

대표적인 부작용은 수많은 분석도구에 대해 '이런 게 있다'는 정도로 살짝 터치만 하고 넘어가는 행태를 반복하다 보니 정확한 분석도구의 용도와 사용법을 제대로 익힌 사람이 많지 않다는 것입니다. 맹목적으로 앞서 했던 사람들이 사용했던 분석도구를 베껴서 빈칸 채우기 식으로 다시 사용하는가 하면 전문적이고 분석적인 분석도구를 사용했다는 후광효과를 노리고 무엇을 얻고자 하는지 이 분석도구를 왜 쓰는지에 대한 고민은 충분히 하지 않고 파워포인트 채우기에만 열중하게 된 것입니다. 이때 즈음, '파워포인트 엔지니어'라는 우스운 말도 생겨나게 됩니다.

실제로 분석도구 하나를 제대로 사용하기 위해서는 그 분석도구를 통해서 문제를 해결하거나 최소 문제 해결의 방향을 찾겠다는 절실함을 여러 차례 겪으며 치열하게 고민한 후에야 그 분석도구의 사용법에 대해서 겨우 이해했다고 할 수 있을 것입니다. 배워서 '안다'를 넘어서 실무에 활용해서 그 뜻을 '이해한다(체득한다/내재화한다)'로 넘어서야 합니다. 널리 사용되는 SWOT 분석만 하더라도 구성은 매우 단순합니다. 하지만 이 단순한 네모박스 각 항목에 어떤 내용을 써야 제대로 쓰는 것인지는 충분한 시간이 주어져도 그렇게 쉽지만은 않다는 것을 실감합니다. 게다가 이런 분석도구는 각 위치에 구어체로 길게 풀어쓸 수 없고 핵심단어로 요약해서 표현해야 하기에 압축하는 과정에서 의미가 곡해되지 않도록 해야하는 어려움도 가지고 있습니다. 어휘력의 한계도 분명히 느끼게 됩니다.

또 다른 부작용 중에 또 하나는 굳이 사용할 필요가 없는데도 분석도구를 사용하겠다는 약간의 강박관념 때문에 떠밀려 하는 경우가 많다는 점이 있습니다. 불필요한 분석도구를 억지로 문제에 끼워맞춰 사용한다는 것은 선택된 분석도구의 사용법을 잘 알지 못하고 사용하는 것과는 또 다른 문제입니다. 물론 억지로 끼워 맞추는 활동이 지금까지 관행적으로 해오던 사고방식에서 벗어나, 새로운 시각으로 문제를 바라보게 해주는 생각을 전환하는 기회를 주기도 합니다. 억지로 끼워 맞추기는 창의력 개발을 주장하는 많은 방법론에서 소개하는 방법이기도 합니다. 그러나 열린 토론의 장이라면 얼마든지 추천할 수 있는 방법이겠으나 정제된 보고의 자리에서 많은 청자를 대상으로 실험을 할 수는 없을 것입니다.

이 둘이 복합적으로 벌어지면 최악의 보고서가 나올 수밖에 없습니다. 제조업에서 불량이 많다거나 하는 문제는 어제 오늘의 문제가 아니라 거의 실시간으로 현황에 대한 데이터가 쏟아져 나오는 일상적인 상황입니다. 오랜 기간 해결되지 못한 고질적인 문제도 산적하기 마련입니다. 문제가 벌어진 상황 즉 불량이 많다는 사실은 바뀌지 않고, 불량의 많고적음에 대한 수준만 달리할 뿐입니다. 그런데도 보고서는 '문제정의(Define)'와 '현 수준 측정(Measure)'까지 회사에 갓 입사한 신입사원에게 설명해도 될 만큼의 세세한 자료를 몇 페이지에 걸쳐 설명하고 있습니다. 그리고 이어서 '분석 및 개선방향 도출(Analyze)'의 순서를 따르게 됩니다. DMAIC의 절차가 그러하니까요. 불필요한 언급을 몇 페이지나 할애하여 매 보고서마다 들어가게 되고, 이것을 고민하려 시간을 쏟게 만들어버리는 것입니다. 이것이 바로 도구 사용의 부작용입니다. 다행히 회사는 시간이 좀 지나서 문제점을 깨닫고, 이러한 반복적인 행태를 보여주는 일부과제에 대해서는 Define, Measure 단계를 생략하고 어떻게 할 것인지에 대해서부터 기술하는 것으로 업무 표준을 바꾸게 되기는 합니다.

분석도구를 올바르게 사용하는 법 - SWOT 분석을 이용할 경우

회사원은 SWOT 분석을 작성하면서 회사의 약점(Weakness)을 '개발 경험 부족'으로 꼽았습니다. 이 표현을 사장님 앞에서 자신 있게 얘기하고 그 충분한 근거를 제시할 수 있는지요? 아마 주변 사람들은 불안한 눈길로 바라보고 있고, 개발팀 임원들은 이마를 찌푸리고 있을 것입니다. 개발 경험에 대해서도 3년차 사원, 5년차 대리, 10년차 과장의 생각이 모두 다릅니다. 모두 일치되고 공감하고 있는 부분이라면 그렇게 얘기할 수도 있겠습니다. 그러나 이러한 부정적인 표현은 자칫 많은 이해관계자들이 있는 자리에서 논란을 일으킬 수 있는 표현이기에 대단히 신중하게 선택해야 합니다. 앞으로 해야 할 보고내용이 많은데 시작부터 발목이 잡혀서 쩔쩔매는 상황이 벌어질 수 있습니다.

시간이 충분치 않은 우리는 현실적으로 일을 처리하기로 합시다. 화려한 한 페이지를 만들기 위해 SWOT이라는 분석도구를 선정했고 칸을 채우기 위해 데이터를 수집하나 충분치 않습니다. 핵심키워드로 줄여 표현하기도 버겁습니다. 그러다가 약간의 편법을 동원합니다. SWOT의 목적이 무엇인지를 생각하면 결국 약점을 키우고 강점을 강화한다는 쪽으로 논점이 흘러갈 것이기에, 이를 감안해서 일단 빈칸으로 남겨놓고 보고서를 절반 혹은 거의 다 완성한 상태에서 다시 작성하기로 합니다. 그리고 SWOT 페이지로 오고가고를 반복하며 칸을 채워 나갑니다. 뒤에 이어지는 내용과 맞춰보면 스토리가 딱딱 맞아떨어지는 점에 흐뭇해하게 됩니다.

SWOT 분석의 장점과 단점

장점
- 기업이나 사업 단위뿐만 아니라 마케팅 등 기능 단위에서의 전략수립 등에 광범위한 적용이 가능함
- 분석틀을 통해 외부환경과 내부역량의 적합성에 관련된 핵심 요소에 요약적으로 집중할 수 있도록 지원함
- 구체적인 전략수립을 위한 종합적인 시각을 제공함

단점
- 분석가에게 명확하거나 공식적인 전략적 지침을 제공하지 않으며 구체적인 해답까지는 제시하지는 못함
- 구성요소를 확보하는데 정성적 요소에 크게 의지하게 되므로 분석가의 주관적 해석에 의존하는 경향이 크며 결론적으로 개개인의 경험과 전문지식에 크게 좌우됨

여기서 잠시 주목하고자 하는 점은 마지막 문구, 경험과 전문적인 지식이 결과에 크게 영향을 미친다는 점입니다. 이 점은 SWOT 뿐만 아니라 대부분의 분석도구에 해당된다고 해도 과언이 아닙니다. 아는 만큼 보인다는 이치가 적용되고, 어떤 문제를 바라보고 진단하는 과정에서 바라보는 사람에 따라 편차가 크면 제대로 진도가 나갈 수 없습니다. 앞서 얘기했던 '과연 개발경험이 우리 회사에 정말 부족한 것일까?'라는 상황에 부딪힐 수밖에 없을 것입니다.

상황이 이러하다면 경영진 앞에서 다양한 도구를 활용한다는

점이 그다지 매력적이지는 못할 수 있습니다. 분석도구는 문제의 위치를 파악하고 이를 둘러싸고 있는 환경을 이해하도록 도와주는 관점만을 제시해 줍니다. 그렇기에 보고서 한 페이지를 장식하는 이러한 분석도구의 결론은 항상 'So What?(그래서 뭐 어쩌라는거야?)'으로 나와서 답답함을 불러일으킬 여지가 많습니다.

슬라이드 한 페이지를 두고 오랫동안 토론을 하는 상황이라면 훌륭한 자료가 될 수 있겠지만, 그렇지 않다면 여러 분석도구를 사용하는 것은 오히려 집중력을 흐트러뜨릴 것입니다.

분석도구는 항상 해당 분야에 전문역량과 경험을 바탕으로 자신의 생각과 주장을 보조해주는 수단으로써만 활용되어야 합니다. 분석도구를 이용한 보고서 작성과정은 아래처럼 되어야 합니다.

보고서 작성을 시작하면서 상사와 보고서 작성 방향을 논의합니다. 여기저기서 의견을 듣고 마인드텔링을 하는 과정에서 보고서의 시나리오와 방향이 정리됩니다. 특정 결론으로 어떠한 메시지를 전달할지 합의를 봅니다. 이제 모든 보고서 작성과정은 결과에 이르는 과정을 부가적으로 설명해주고 객관적 근거를 제시해주기만 하면 됩니다. 이 과정에서 분석도구를 사용하면 훨씬 근거와 주장성이 강력해집니다.

물론 분석도구를 편법적으로 활용하는 현실은 아쉽기도 합니다. 상황분석을 위한 많은 분석도구들이 한순간 선견지명이 아닌 후견지명으로 뒤바뀌어버리는 듯합니다. 많은 보고서 작성이론이 절차에 입각해서 작성하는 것처럼 보이지만 실상은 절차의 맨 처음에 이미 보고서 전체를 내려다보고 무엇을 할지에 대한 언급이 나옵니다. 분석도구뿐만 아니라 데이터를 수집하기 위해 설문조사하는 것, 실제 데이터를 가공하는 순간, 시뮬레이션 하는 과정 등이 가고자 하는 방향이 수립되면 그 방향에 맞춰 나머지가 흘러가기 쉽습니다. 똑같은 데이터라도 이 전에는 보이지 않았던 부분이 지금 우리가 무엇을 하는지에 따라 새롭게 보이기 시작합니다. 여기에서도 역설적으로, 원하는 메시지가 보일 때까지 데이터를 들여다 볼 때도 있습니다.

보고서는 생각을 글로 정리하는 과정입니다. 그렇기 때문에 생각 정리가 먼저이고 이를 문서로 옮기는 과정이라고 생각하면 우리가 활용하고자 하는 분석도구에 얼마만큼 시간과 노력을 기울여 정리해야 할지 알 수 있습니다. 불필요하다면 과감하게 줄이고 실행아이디어와 계획을 구체화하는데 좀 더 시간을 투자해야 할 것입니다. 야근하면서 애써 정리한 문서 한 장에 오히려 'So What?'이라는 짜증 섞인 대답을 상사에게서 듣지 않기 위해서라도 말입니다.

분석도구 실제 활용도
1. 다각도로 문제를 관찰하는 용도
2. 작성하는 과정을 통해 문제, 이슈를 발견하는 용도
3. MECE 관점에서 문제 또는 결과를 간결하게 정리하는 용도

그룹화 기술

　데이터의 단순한 나열은 여느 인자한 상사라 할지라도 많은 인내심과 당혹감을 느끼게 합니다. "며칠밤을 새워 만든 거라구요."라고 하면 노력의 흔적을 보일 순 있겠으나 진정한 보고의 준비는 데이터 정리 작업에서부터 시작됩니다. 창작의 고통도 여기서부터 시작되지요. 사실 어떤 데이터를 조사하는지 계획도 없이 덤볐다면 아직 시작이라고도 할 수 없겠네요. 데이터에서 정보를 뽑아내고 정제하여 나의 메시지를 뽑아내는 작업을 해야 하는데 이러한 과정의 첫 단추는 바로 '그룹화(Grouping, 분류)'입니다. 우리는 세부적인 항목에서 밖으로 나와 전체본능으로 가는 작업, 즉 그룹화만으로 좀 더 본질에 접근하고 구체화되고 이해도가 높아졌다고 느끼게 됩니다.

　어떻게 그룹화를 하는 게 잘 한 것인가에 대한 얘기를 해 보고자 합니다. 그룹화는 주로 전체 요약을 하고자 할 때, 제목을 뽑고자 할 때, 보고에 대해 요약할 때, 공통되는 원리/원칙을 도출하고자 할 때 등 하나의 보고서 안에서도 수시로 발생하는 작업들입니다. 전체 요약과 같이 그룹화로만 이루어진 페이지가 있을 수 있고, 한 페이지 안에서 전달하고자 하는 메시지를 뽑거나 한 단락 안에서 타이틀을 정하는 그룹화 작업도 있습니다. 단 두 개의 항목에서 하나의 공통요소를 뽑아내는 것도 엄연히 그룹화라고 할 수 있습니다. 그리고 그룹화는 문장으로 나타내어질 수도 있고 도식화되기도 하는 등 형태 또한 다양하게 표현될 수 있습니다. 그룹화 하는 것은 사실 매우 골치아픈 일입니다. 쌓여 있는 데이터, 문장, 그림, 도표 속에서 서로의 공통점을 찾아내어 우리가 전달하고자 하는 목적인 메시지를 만들어내려면 듣는 사람의 이목이 집중되게 작성해야 하므로 더더욱 신경이 쓰일 수밖에 없습니다. 우리가 보고서 양식을 활용하는 이유는 이런 골치 아픈 일을 대신해 주는 게 바로 '양식'이기 때문입니다. 보고서에 필요한 내용을 일목요연하게 순서를 정하고 나누어 놓고, 거기에 맞춰 작성하면 되는 것이기에 그룹화처럼 정리작업에 머리를 싸맬 필요가 적어지기 때문입니다. 포털검색어 창에 '보고서'라고 입력하면 자동입력 리스트에 맨 먼저 나타나는 단어가 '보고서 양식'인데 많은 사람들이 얼마나 이 활동에 스트레스를 겪고 있는지 공감할 수 있는 대목인 것 같습니다.

그룹화 원칙 : '앞으로 무엇을 할 것인가?'

문제를 보는 시각은 구성된 프레임에 따라 달리 보이게 됩니다. 사전정보가 없던 제 3자는 짜인 프레임으로 문제를 바라보게 되고 이어지는 분석 작업까지도 염두하게 됩니다. 또한 그 문제에 대해 해결해야 할 목표가 주어진다면 무엇에 중점을 두고 어떤 활동을 먼저 해야하는 지에 대한 업무 우선순위까지도 가늠할 수 있게 됩니다. 즉, 그룹화를 하는 프레임은 상대방에게 문제를 바라보고 해결하는 방향에 대한 가이드 역할까지 하게 되는 것입니다.

새로운 제품을 개발하기 위하여 많은 사람들이 모였습니다. 아이디어 회의를 하고 경쟁사를 따라잡을 만큼의 우수한 성능을 가지면서 지금보다 품질이 개선된 제품 개발을 목표를 설정하였습니다. 그리고 목표를 달성하기 위해 마케팅, 영업, 기술, 품질 등 각 분야에서 수행할 하위 목표들이 수립될 것입니다. 만약 기술적 한계에 부딪힌 문제에 대해서 이를 극복하기 위한 새로운 기술들이 여럿 도출되었고 이를 보고하기 위해 정리하는 작업에 들어간다고 할 때, 필요한 기술들은 어떻게 그룹화할 수 있을까요? 대부분의 기술들은 생산목표인 QCD(품질, 비용, 납기) 어느 하나만을 지향하지는 않습니다. 품질이 우수하면 비용은 늘어날 수 있고 그 품질을 맞추기 위해 새로운 공법이 도입되어 납기가 늘어날 수도 있는 문제입니다. (물론 줄어들 수도 있겠지만요.) 단순히 신기술개발로 그룹화하게 되면 해야 할 업무에 대한 리스트만 늘어놓는 형태가 될 뿐 어떤 전략적 방향 설정에는 도움이 되지 못하게 됩니다. '향후 행동'을 무엇으로 할 지 모호해지고 목표를 구체화하기 위한 협의를 해야 될 것입니다.

그런데 만약 이를 '원가기술'과 '품질기술'로 나눈다면 상황은 달라집니다. 일단 이 기술의 목적이 무엇인지, 무엇을 지향하고 있는지를 확인할 수 있습니다. 여기에 전략이 더해진다면 중·장기적으로 제품의 원가를 낮추기 위해 어느 정도 초기비용 투자라든가 개발기간을 감수하겠다는 목표설정도 고려할 수 있게 됩니다. 마찬가지로 품질격차를 확대하기 위한 기술개발에 투자를 지원하겠다는 의사결정으로 갈 수도 있을 것입니다. 이렇듯 어떠한 하위 항목에 기술개발을 두느냐에 따라 판단과 내용이 완전히 바뀔 수 있습니다. 그렇기에 의미 있는 그룹화가 중요하다는 것입니다.

PART 4

직관적 표현

직관적 표현이란

일상 속에서 우리는 수많은 형태의 정보를 접하고 있습니다. 알람소리에 눈을 뜨고 휴대폰으로 오늘의 날씨를 확인하면서부터 정보 확인은 시작됩니다. 이제 일어나서 자동차로 출근하는 길이라면 라디오를 켜고 뉴스를 듣기도 합니다. 지하철을 타고 출근한다면 거리를 걸어가면서 각종 신문, 광고홍보물을 셀 수도 없이 많이 스쳐 지나가게 됩니다. 평소 무의식적으로 스쳐 지나갔다면 언젠가 한 번 유심히 살펴보시기 바랍니다. 우리의 시선을 끌기 위해 강렬한 이미지와 문구로 되어있으며 사람들의 기억에 남기기 위해 역력히 노력한 흔적을 찾을 수 있을 것입니다.

저는 주로에 집중되어 있는 많은 신문매체의 특집 기사들을 살펴봅니다. 주말 이틀을 위해 평소보다 대중의 관심사를 다루며 더 많은 분량으로 제작되는 신문들이 많습니다. 여기서 주말 섹션부분은 화려하면서도 깔끔하고 대중의 시선을 끄는 신선한 그래픽과 도표들에 가끔씩 감탄사를 연발하게 합니다. 흥미로운 타이틀과 더불어 다음 부분에서 소개할 인포그래픽들은 독자의 호기심을 불러일으키기에 충분합니다.

불과 30년 전 신문만 보더라도 인쇄술이 좋지 않았던 탓인지 가독성 측면에서 쉽게 눈에 들어오지는 않습니다. 관심있는 내용을 찾는 것에도 약간의 인내심이 필요하기도 합니다. 지루하기도 했구요. 그 이유로 약간 번진 문자와 사진의 낮은 인쇄품질 외에도 한 눈에 띄는 그래프와 도식화된 자료가 없다는 점을 꼽고 싶습니다. 조선일보 중에서 맨 마지막 장에 있는 고바우영감의 4칸 만화를 맨 먼저 들춰봤던 이유도 내용은 단순한데 전달하고자 하는 메시지는 다른 텍스트들보다 오래 남아있기 때문이 아닌가 생각됩니다. 이렇듯 시각적인 자료는 시선을 사로잡고 먼저 눈이 가게 됩니다.

TV뉴스는 또 어떻습니까? 오히려 신문은 눈에 띄는 장소에 둘 수 있다면 독자가 집어 들고 읽을 수도 있겠지만 뉴스는 한정된 시간 내에 채널을 돌리지 않도록 해야 합니다. 그렇기 위해 시청자가 지루함을 느끼지 않도록 긴장감있게 구성해야 하고 내용은 쉽게 전달되어야 할 것입니다. 보는 사람이 자막의 문구를 이해하기 위해 주변 사람들에게 확인해 가면서 봐야 한다거나, 불과 수 초밖에 보여줄 수밖에 없는 그래프에서 제대로 정보를 전달하지 못하면 시청자는 답답함을 느끼게 될 것입니다. 그래서 자막 한 줄, 그래프 하나하나가 철저히 계산되고 시청자 입장에서 이해가 될 수 있는지 고민되어 제작됩니다. '방금 그게 무슨 말이지?'라고 하는 순간 내용의 흐름은 거기서 끝나게 될 것입니다. 잠시 뉴스 편집자의 입장에서 생각해 봅니다. 서로 다른 배경지식을 가지고 있는 대중들에게 어떻게 하면 정보가 왜곡되지 않고 똑같이 해석될 수 있도록 전달할 것인지. 어떤 짜임새로 정보를 전달해야 말하고자 하는 의미를 잘 표현할 수 있을지. 직관적 표현의 목표와 같다고 볼 수 있습니다.

표현할 때, 비로소 이해한다

　우리가 정보를 받아들이는 경로는 모두 다섯 가지가 있습니다. 아시다시피 시각, 청각, 미각, 후각, 촉각입니다. 좀 더 학술적으로 얘기하면 이를 말초감각이라고 부릅니다. 말초(末梢)라는 의미는 나뭇가지의 끝을 가리키는데 인간의 뇌 신경세포와 견주어 볼 때 가장 바깥에서 외부의 자극을 받아들이는 최전선에 있는 위치라고 할 수 있습니다. 그렇게 우리가 눈으로 귀로 혀로 코로 피부로 정보를 가장 먼저 받아들이는 그곳에 말초신경이 있는 것입니다. 이게 어떻게 뇌에서 가공되어 조건반사로 반응할지 아니면 주변환경에 따라 자극을 참고 버텨낼지 등을 결정하게 될 것입니다. 그리고 이 다섯 가지 정보 중에 시각이 가장 중요합니다. 특정한 감각이 예민한 사람도 있겠지만 시각이 전체 정보의 약 70~80%를 받아들이고 있습니다. 그리고 어마어마한 속도로 자신의 지식과 기억과 경험을 비교하여 분석결과를 내놓습니다.

　정보의 입수는 생각의 시작입니다. 사고의 발상지가 되는 것입니다. 생각과 언어는 상호 보완적입니다. 이는 절대적입니다. 생각을 언어로 표현할 때 비로소 나의 생각이 밖으로 전달될 수 있고 역으로 생각이 언어로 표현될 때 나의 생각도 뚜렷이 정리되는 관계인 것입니다. 보고서를 쓰는 목적이 생각 즉, 메시지를 전달하기 위한 것이기도 하지만 보고서를 쓰면서 나의 생각을 정리하기도 합니다. 생각의 속도가 언어로 표현하는 속도를 따라갈 수는 없습니다. 우리는 무의식적으로 수많은 단어를 떠올리고 복합적으로 비교 검토하여 최선의 단어를 손끝으로 전달하여 자판을 두드리게 만듭니다.

보고서 작성을 포함하여 글을 쓴다는 것 자체가 생각을 언어로 표현하는 활동입니다. 마케팅에서는 대중들에게 제품의 이미지를 혹은 차별화 포인트를 기억에 남기기 위해서 단 한 줄의 광고메시지를 수개월간 고민합니다. 회사에서는 고객에게 회사의 비전(Vision)과 추구하는 가치(Value)를 전달하기 위한 선전문구(캐치프레이즈)를 만듭니다.

보고서에서는 회사의 목표에 상응하는 새로운 지표를 개발하고 이름을 붙입니다. 새로운 제품을 개발하고 이름을 붙입니다. 새로운 기술을 개발하고 이름을 붙입니다. 그 이름이 회사 안에서 통용되고 그 용어가 불릴 때 최소한 회사 임직원들은 같은 이미지를 떠올리고 무엇을 지칭하는지 공유하게 됩니다. 외부에서 사용하는 용어를 그대로 차용하는 경우보다 대단히 설명하기 어렵지만, 자주 언급되는 상황을 설명하기 위하여 이름을 짓기도 하고 회사의 목표를 측정 가능한 지표로 정의하고 이름을 짓는 경우 경영진이나 임직원들의 호응도는 대단히 높아지는 경우가 많습니다. 어렵게 설명해 오던 상황이 한 단어로 설명되면서 생각의 시간의 단축시키기도 하고 대상이 또렷해졌기 때문입니다. 어떤 경우는 새롭게 지표를 만든 담당자에게 네이밍(Naming)만으로 새로운 가치를 창출해내어 그 업무의 가치를 인정받기도 합니다.

이렇듯 생각을 언어로 표현하는 것은 의사전달의 가장 효과적인 방법이며 생각의 출발점이 되고 더 나아가 가치를 창출하는 시작점이 됩니다.

인포그래픽

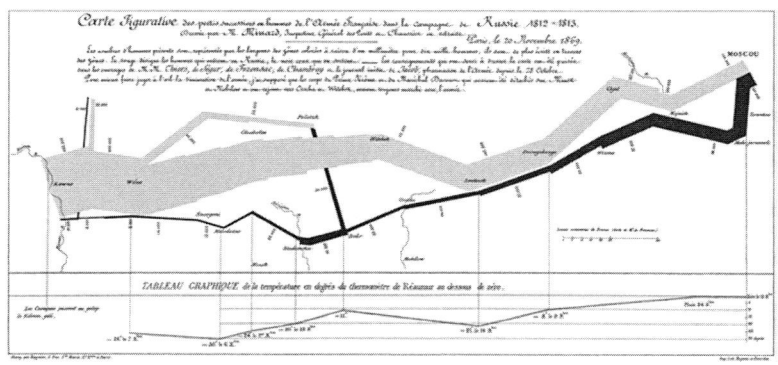

[1812~1813년 나폴레옹의 행군 진행도]

위의 진행도는 나폴레옹이 러시아 원정의 시작부터 모스크바에서의 회군, 복귀에 이르는 처절한 과정 간의 많은 정보를 하나의 이미지에 표현한 인포그래픽입니다. (1861년 프랑스 공학자 샤를 미나르(Charles Minard)가 제작하였다.) 선 폭은 병사의 수를 나타내는데 어떤 사건에서 어느 정도의 숫자가 줄어들었고 결국 원점으로 돌아왔을 때에는 참담한 결과가 나왔음을 극명하게 대비하여 보여줍니다.

우리는 이미 오래전부터 우리가 미처 다 소화하지 못할 만큼의 어마어마한 양의 데이터들이 쌓여가고 있다는 것을 알고 있습니다. 그 많은 정보의 홍수에서 무엇을 선택하고 그것을 어떻게 가공할 것이며 그 결과를 어떻게 하면 빠르고 쉽게 보여줄 것인지에 대한 논의는 이미 일상적이고 흔한 주제가 된 것 같네요. 다만 어떻게 표현할 것인지에 대한 목적은 비슷하나 들어오는 데이터의 양은 어제와 또 다르게 기하급수적으로 폭발하고 있습니다. 때문에 시간이 갈수록 데이터의 표현은 한층 더 어려워집니다. '빅데이터[5]'라는 분야가 이미 학문의 한 자리를 차지하고 있을 만큼 급속도로 성장하고 있는 것 아니겠습니까? 여기 시각적 표현의 '끝판왕'인 '인포그래픽(Infographic)'에 대해서 살펴보고 보고서 작성과의 상관관계에 대해서 생각해 보고자 합니다. 직관적인 보고서에서 시각적인 표현이 중요하다는 것은 두말할 나위 없기 때문이겠죠.

인포그래픽 : 인포메이션(Information) + 그래픽(Graphic)

인포그래픽은 이름 그대로 정보를 그래픽(수치를 도형화시킨 것)으로 보여주는 것을 뜻합니다. 정보를 전달하는데 그래픽이 주는 힘은 강력합니다. 텍스트보다 그래픽으로 눈이 먼저 가는 우리의 본능이 그것을 증명하고 있습니다.

우리는 짧은 시간에 더 많은 정보를 상대방의 기억에 남도록 흥미를 유발하며 전달하기 위한 다양한 방법들을 고민하고 있습니다. 그러한 시각적 정보전달의 연구를 인포그래픽으로 축약할 수 있을 것입니다. 산업디자인의 영역이라고도 할 수 있겠지만 엄연

---

[5] 빅데이터(Big Data) ; 종래의 환경과는 다른 디지털 시대에서 각종 기기에서 발생하는 방대하고 생성주기가 짧은 다양한 종류의 데이터를 일컬으며, 그것을 가공하는 방식과 데이터를 응용하는 분야까지 일컫는 말

히 전달하고자 하는 목적이 '정보'에 집중되어 있기 때문에 이 부분은 분명히 다른 점이라고 할 수 있습니다.

어떤 정보를 뽑아내어 보는 사람에게 드러나 보이게 할 것인가에 대한 논의는 별개로 하겠습니다. 정보를 뽑아낸다는 것인 앞서 얘기했던 그룹화 작업과 밀접하며 무엇이 핵심인지, 앞으로 할 일은 무엇인지, 관리하고자 하는 지향성이 있는지, 대중/경영진의 관심이 있는 것인지에 대한 깊이 있는 논의가 필요한 부분입니다. 그리고 그것을 시각적으로 표현한다는 것은 그 정보를 좀 더 빠르게 전달하고자 하는 방법일 뿐이기 때문입니다. 동일한 정보를 주고 같은 출발선상에서 서있다고 가정할 때, 승부를 가르는 것은 이제 주어진 정보를 어떻게 표현하는가에 있겠다고 볼 수 있겠습니다.

인포그래픽을 공부하는 것은 우리가 회사에서 보고서를 작성하는데 꼭 인포그래픽을 이용하여 뭔가를 표현하려는 것은 아닙니다. (물론 홍보 부서라면 그런 경우가 다반사겠지만) 디자이너가 되려는 것도 아닙니다. 인포그래픽을 활용하는 이유는 우리가 보고서에 활용하고자 하는 직관적 정보전달을 위한 방법론을 제시해 주고 있기 때문입니다.

이러한 방법론을 또 하나 새로 배우게 되면, "와~! 이 많은 정보가 그래픽 하나에 다 들어가네! 이렇게 복잡한 얘기를 이렇게 간단히 보여주네!"하며 감동을 얻을 수 있게 되곤 합니다. 보고서를 쓰면서 더 단순하게 하지 못한 이유가 아이디어가 부족했던 것이지 불가능했던 게 아니었던 것임을 깨닫는 순간이기도 합니다.

인포그래픽 벤치마킹을 통해서 간결하면서도 정제된 그래픽을 내가 어떻게 활용할 수 있을지 생각해 봅니다.

'맨 처음 보았을 때 받은 이미지는 무엇인지, 나의 시선은 어디에서 시작해서 어디로 흘러갔는지, 무엇을 전달하고자 하는 것인지를 몇 초 만에 파악하였는지, 전체 구조는 어떻게 되어 있는지, 나의 시선을 끌었던 차별화 포인트, 폰트 종류와 크기, 색상의 선정과 배치, 텍스트와 그래프의 배치, 디자인의 통일성, 눈에 보이지 않지만 무엇을 버렸고 무엇을 살렸는지, 읽는 사람에게 어느 정도의 지식수준을 요구하는지, 지나치게 함축하여 모호한 표현은 없는지, 그래도 부족한 것은 없는지, 나라면 어떻게 했을 것인지, 여기서 무엇을 배워갈 수 있겠는지 등'

어떻게 작업해야 하는지에 대한 공식은 없지만 훌륭한 인포그래픽은 위에 언급한 내용들을 체크포인트로 하여 심리적 안정감을 주고 있다는 점이 공통점이라 할 수 있겠습니다. 확실하게 말할 수 있는 것은 분명 많이 보고 많이 따라하다보면 부지불식(不知不識)간에 자신이 훈련되어 변해간다는 것입니다. 이제부터라도 나의 보고서에 응용해 보겠다라는 적극적인 마인드로 신문과 TV뉴스에 나오는 그래픽을 주의깊게 살펴보시길 바랍니다.

인포그래픽 예시)

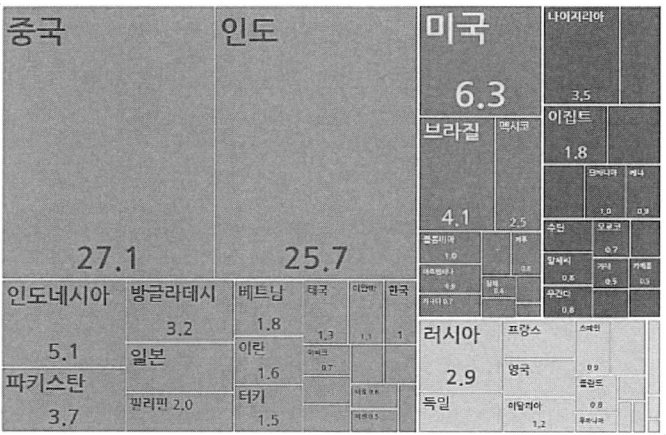

[2014년 세계인구규모]

(출처 : 국가통계포털)

- 색상은 대륙 구분을.
- 숫자는 한국을 1로 볼 때의 인구 배수 값을 의미.

　저는 개인적으로 'KOSIS 국가통계포털'에서 제공하고 있는 '통계시각화콘텐츠'를 주기적으로 방문하여 데이터의 시각화에 대한 아이디어를 얻기도 합니다. 보고서의 데이터 수치를 가장 쉽게 표현하는 방법이 무엇일까라는 질문을 수백 번도 더 하지 않았을까 생각합니다.

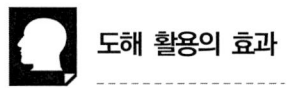 **도해 활용의 효과**

　선택이 폭이 넓으면 다양한 기호에 맞춰 욕구를 충족시켜 줄 것 같으나 오히려 선택을 하는데 주저하고, 선택 후에도 다른 더 좋은 게 있지 않은지 뒤돌아보면서 선택의 만족도가 더 떨어지는 게 사람의 심리입니다. 이미지 활용에서도 마찬가지입니다. 손만 들면 볼 수 있는 스마트폰의 수많은 글과 그래픽, 여기저기 쉽게 찾아볼 수 있는 신문 등 대중매체의 화려한 그래픽에 마음이 끌리지만 당장 따라하기에는 연습이 필요합니다. 그래서 추천하고자 하는 것은 자신만의 '서식모음집'을 보유하고, 몇 가지 자주쓰는 도해패턴을 기억하고 이를 적극 활용하는 것입니다.
　우리는 생각을 표현하는 수단으로서 도해를 사용하면 다음과 같은 효과를 기대할 수 있습니다.

1. 문자보다 빠르게 전달한다

그림 혹은 기호는 여러 의미를 함축하여 전달할 수 있는 힘이 있습니다. 오른쪽 그림은 비상구를 뜻하는 표지입니다. 공공안내그림표지(그래픽심볼)이라고 합니다.

약간의 다른 형태로 변형되어 사용되기도 하지만 위 그림은 엄연히 국제표준입니다. 그렇다는 것은, 세상사람 누가 보더라도 문 안으로 들어가는 것이 아닌 문 밖으로 나가는 것으로 인식되기 위해서 사람의 형상, 두 손과 두 다리의 그림자의 방향, 문의 방향 등에 따라 수백 가지 샘플이 제작되어 그 중에서 최종선택된 기호라는 뜻입니다.

사람의 눈은 문자와 이미지가 함께 있을 때 이미지에 먼저 눈이 가기 때문에 위와 같은 기호가 있으면 논의하고자 하는 이슈로 바로 들어갈 수 있도록 해주는 용도로 활용될 수 있습니다. 참고로 비상구 표지판 속 사람의 달리는 자세는 시속 21km로 100m를 17초에 주파하는 속도일 때의 자세라고 합니다. 심볼 하나 만드는데 얼마나 많은 심혈을 기울였는지 충분히 짐작이 가는 대목입니다.

2. 전체를 이해하는 데 용이하다

회사의 조직구성을 살펴봅시다. 이 세상 어느 조직도를 보더라도 그 구성을 문자로 풀어써놓은 경우를 본 적은 없습니다. (물론 조직도에서 '도'는 도표를 의미하기 때문에 질문에 모순이 있긴 합니다.) 조직구성을 문자로 표현한다면 도대체 어떻게 써야 할까요? 일렬로 그것도 위아래로 나열하는 수밖에 없을 것 같습니다.

조직구성은 피라미드 구조가 당연시되어서 오히려 문자로 표현된 조직구성을 떠올린다는 게 쉽지 않네요. 조직도와 마찬가지로 사람 간의 네트워크 관계, 시스템의 구성도, 주제의 복잡도, 상품의 분류, 시간에 따른 경향성, 시장의 트렌드, 변화의 정도 등 비정형적이거나 개념, 상황을 이해하기위해 도해는 필수적인 도구입니다.

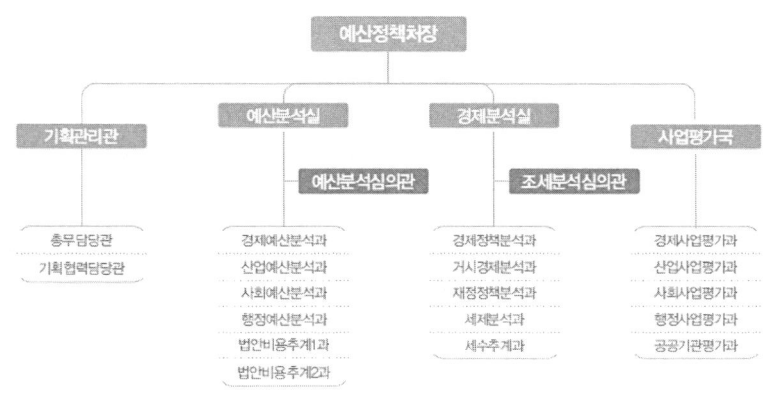

[조직도 - 트리 구조]

3. 가장 짧은 시간에 가장 많은 정보 전달

문자가 1차원적이라면 이미지는 3차원적입니다. 문자를 통해 중요한 내용을 강조하고자 한다면 굵은 글씨체로 바꾼다거나 밑줄을 긋고 강조하기 위한 색상을 넣을 수 있습니다. 도해도 마찬가지로 선을 굵게 하거나 색상을 넣을 수 있습니다. 그러나 도해는 여기에 더하여 면적이라는 점을 이용하여 선의 굵기를 다양하게 한다거나 화살표의 크기를 조절함으로써 상대적으로 더 중요한지, 덜 중요한지를 가늠할 수 있도록 할 수 있습니다. 또한 화살표의 색상을 달리한다거나 점선을 이용하여 관계가 매우 약한 경우 등도 쉽게 짐작할 수 있도록 표현할 수 있습니다. 아래와 같이 지역별 상품 공급량을 표시할 때 문자로 표현하는 것보다 표라는 이미지를 활용할 때 현황파악이 용이하며, 여기에 변동량의 많고적음에 대한 정보를 색상으로 구분함으로써 하나의 표 안에 세 가지 정보를 담고 있습니다.

상품\지역	가	나	다	라	마	총 공급량
A	7	5	5	2	7	26
B	2	4	8	8	10	32
C	5	9	9	4	6	33
D	6	4	7	9	10	36

전년 대비 변동량
- 10% 초과 상승
- 5~10% 상승
- -5~5% 유지
- 5~10% 하락
- 10% 초과 하락

(변동량의 정보를 색상으로 전달하고 있다)

4. 기억에 오래 남는다

　시각적 정보는 마치 스냅사진을 찍듯이 인상 깊은 장면, 그림, 이미지 등에 대해 문자보다 상대적으로 오래 기억에 남습니다. 여행지에서 들렀던 박물관에 전시된 오래된 유물의 형상과 색상, 감동의 느낌은 오래가지만 그게 무엇이었는지를 설명하는 문자는 어렴풋이 핵심단어 몇 개만 기억에 남거나, 그마저도 거의 남아 있지 않다는 것을 알 수 있습니다.

예시로, 전화번호를 기억하려고 합니다. '010-3652-1478'이라는 번호가 있다고 가정합니다. 숫자에 어떤 패턴도 없는 듯 보여 그냥 외우려고 하면 몇 번 되뇌이는 것으로는 암기했다고 하기에 조금 불안합니다. 하지만 아래 그림을 보면 어떤지요?

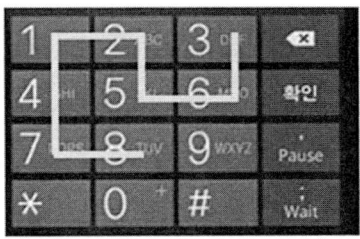

조금 극단적인 전화번호를 예로 들었습니다만 휴대전화 잠금장치로 패턴인식이 속도나 암기측면에서 대단히 유용하다는 것을 이해하고 있을 것입니다. 번호나 위치를 기억하는 것은 우리의 뇌가 텍스트를 기억하는 것 보다 이미지 기억에 얼마나 효율적으로 반응하는지를 보여주는 가까운 사례입니다.

5. 사실을 그대로 전달한다

이미지는 이미지 그 자체로 대화의 수단이 될 수 있기 때문에 의도적으로 가공한 이미지가 아닌, 인용된 이미지의 경우 합리적인 해석은 독자에게 맡길 수 있는 장점이 있습니다. 가령 어떤 내용을 설명하고자 할 때 텍스트로 표현하기 어려운 경우가 많습니다. 특히 예술적 감성, 창조적 활동, 독특한 디자인 등 주변환경, 분위기, 감성을 표현할 때가 그렇습니다.

리더십 교육 중에 간단한 도형 몇 개를 그리고 상대방에게 똑같이 그리도록 지시하되 그림을 말로만 설명하여 전달하는 게임이 생각납니다. 약간 기울어져 있는 사각형의 한 모서리에 직각 삼각형의 꼭짓점이 서로 만나 있는 등 여러 도형이 서로 한 데 뭉쳐 있는 그림이었습니다. 불과 몇 개의 간단한 도형임에도 꼭짓점의 위치, 기울어진 각도, 어떤 방향으로 어떻게 연결되어 있는지를 말로 설명하여 상대방에게 정확하게 전달한다는 것이 대단히 어렵다는 것을 게임을 시작한지 10초도 안 돼서 깨닫게 되었습니다. 만약 이미지를 보여주었다면 단 0.5초만 보여주어도 순식간에 비슷하게 그려낼 수 있었을 겁니다.

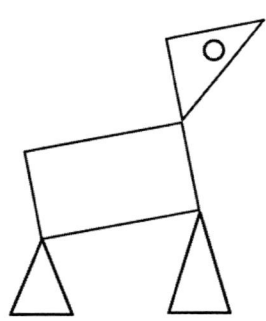

(텍스트 설명만으로 똑같은 그림을
그릴 수 있었을까?)

직관적 표현, 이미지 점검 4가지 포인트

보고서에서 정보, 메시지를 전달하는데 시각적 방법이 텍스트보다 훨씬 효과적이라는 것은 익히 알고있는 사실입니다. 인간은 뇌가 처리하는 정보의 약 83%를 시각을 통해 수집한다고 합니다. 인간이 가지고 있는 센서 미각, 후각, 청각, 촉각, 시각 중에서 가장 절대적인 역할의 센서가 바로 시각인 것입니다. 그리고 보고서, 프레젠테이션와 같은 미각, 후각이 제한적인 상황에서는 그 이상으로 올라갈 거라는 것을 짐작할 수 있습니다. 짧은 시간에 상대방의 뇌리에 남기기 위해서 여기 83%를 집중공략 해야 하는 이유로 충분할 것 같습니다. 그런데 그렇게 노력해도 여러 보고서를 동시에 접하다 보면 뒤돌아섰을 때 단 하나의 이미지도, 단 한 줄의 문장도 기억에 살아남지 못하는 경우도 흔한 것 같네요. 이런 경험들을 상기해 보면 상대방의 기억 속에 무언가의 메시지를 주입시키는 일은 참 복잡한 요소들이 얽혀 있는 심리싸움이라고 생각됩니다.

내가 아닌 다른 사람이 작성중인 문서 여기저기에 삽입되어 있는 이미지를 살펴보면 눈살을 찌푸리게 하는 여러 요소가 눈에 들어옵니다. 탁탁 걸린다고 표현합니다. 부드럽게 흘러가는 시냇물이 돌부리에 걸려 구비치는 듯한 불편함이 마음에 걸린다는 의미입니다. 반복되면 매끄럽게 보고서를 넘어가지 못할 뿐만 아니라 더 이상 읽고싶지 않을 만큼 거슬리기도 합니다. 내용은 둘째쳐도 맨 먼저 눈이 가는 이미지에서부터 돌부리가 걸려 나오기 시작하면 인내심이 필요해지고 금방 지치기 시작합니다. 한 눈에 메시지를 파악하지 못하고 자세히 들여다보고 눈을 여기저기 돌려가며 확인해야 한다면 슬슬 짜증이 나기도 합니다. 그렇다면 '쉽게 이해되기 위한 이미지는 도대체 어떻게 표현되어야 하는가? 어떤 요소들을 갖추고 있어야 하는가?'

이미지를 바라보는 시선과 사고의 흐름에 집중해서 공통원리를 찾아보고 아래와 같이 질문형태로 정리해 봅니다.

1. 가장 중요한 내용인가?

이미지화를 하게 되면 시선이 가장 먼저 가기 때문에 가장 대표하는 내용에 대한 이미지로 표현되어야 합니다. 그래서 본문에서 비중있게 다루고 있는 내용으로 이를 강조하기 위한 내용인지를 확인합니다. 그런데 그다지 중요하지 않거나 심지어 본문에는 없는 전혀 관련성이 없는 이미지가 들어가 있기도 합니다. 작성자의 깊은 의도를 들어보지 않고서는 파악할 수 없다면 결코 적절한 이미지라고 할 수 없을 것입니다.

2. 메시지가 명확한가? 아니면 추정이 필요한가?

데이터를 그래프로 바꾼 것은 훌륭했지만 메시지가 명확하지 않습니다. 예를 들어, 우상향으로 올라가는 그래프를 보고서는 무언가 나아진다는 것은 파악했습니다. 그런데 무엇이 얼마만큼 나아진 것이냐고 물으면 "보시면 알지 않습니까? 굳이 설명해야 하나요?"라며 당당해 하는 경우가 부지기수입니다. 그러나 우리는 '굳이' 설명해야 합니다. 당연히 해가 바뀔수록 증가되는 그래프에

'연간 n% 성장, n년 대비 n% 성장' 등의 타이틀을 새겨 넣어야합니다.

3. 이미지 하나에 메시지 하나인가?

이미지는 부수적인 자료입니다. 하나의 이미지에 여러 가지를 설명하려 들면 복잡해지기 마련이고 보는 사람에게 상황을 파악해야 하는 수고를 필요로 합니다. 인포그래픽을 만드는 게 아니라면 가급적 하나의 이미지에 최대 두 개를 넘지 않도록 하는 것이 좋습니다. 직관적으로 세 개 이상의 정보를 한 눈에 파악하기는 쉽지 않습니다. 막대와 선이 혼합된 그래프, 좌/우 두 개의 스케일을 가진 그래프, 여러 개의 색인(index)을 가진 그래프, 세 가지 이상의 색상 등이 메시지에 집중을 방해하는 요소가 됩니다.

4. 더 단순화시킬 것은 없는가?

단 하나라도 더 빼면 내용 전달이 불명확해지며, 단 하나를 더 추가해도 거추장스럽거나 불필요함을 느끼는 상태가 가장 이상적인 순간입니다. '심플, 심플, 심플!' 이것을 항상 되새기고 이미지를 파악하는 시간을 1.0초에서 0.5초로 0.3초로 줄이겠다는 목표로 개념의 수, 글자의 수, 색상의 수를 되짚어봅니다. 그리고 필요하다면 주변사람에게 무엇을 얘기하고자 하려는 것인지를 얼마만큼 빨리 이해했는지 테스트해 보는 것도 좋은 방법입니다.

예시를 통해 지금까지 배운 4가지 점검포인트를 적용해보도록 하겠습니다. 아래 도표를 보시기 바랍니다.

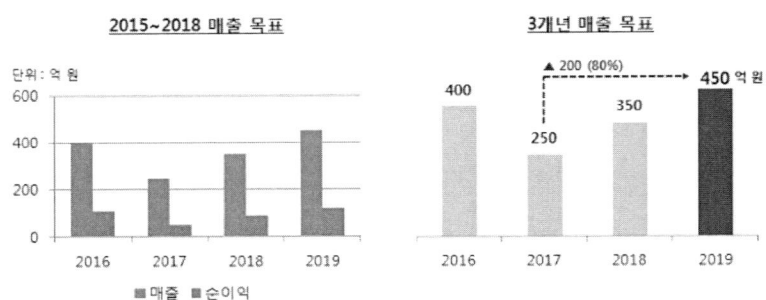

왼쪽 그래프를 좀 더 구체적이고 직관적으로 파악할 수 있도록 오른쪽 그래프처럼 수정해 보았습니다. 수정한 사항으로는, '제목을 현황설명에서 한 눈에 연도를 보여주는 것으로, 전달하고자 하는 메시지를 따로 기입('80% 향상' 점선), 매출 수치에만 집중(순이익은 과감히 삭제), 불필요한 여백제거(Y축 조정, 스케일은 삭제), Y축 눈금을 가늠할 필요 없이 즉시 확인할 수 있는 2019년 목표 매출액 표시, 핵심 정보의 색상 부각'이 있습니다.

만일 보고서 안에 그래프가 많다면 일관된 디자인을 유지하는 것도 반드시 체크해야 할 사항입니다. 어떻게 표현해야 하는지 대략적으로 정리가 되셨나요? 그런데 질문이 다시 떠오릅니다. '왜 이렇게 고치고 있는가? 이렇게 고치는 것이 정답인가?'

여러 기획, 보고서 작성 관련 책을 들추다 보면 변경 후 디자인, 프레임의 형태가 변경 전에 비해 크게 나아지지 않거나 오히려 변경 전의 형태가 더 안정적으로 보이기도 합니다. 누구나 보는 관점이 다르다는 의미일 것입니다. 저도 제가 신입사원 시절 작성한 문서를 보면 '손발이 오글거려서' 차마 눈 뜨고 제대로 읽을 수가 없을 때가 있습니다. 그건 분명히 저도 트레이닝 되었다는 증거인데, 그런 트레이닝 과정에서 어떤 교재가 있었던 것도 아니고 시간을 정해놓고 수업을 받았던 것도 아니었습니다. 단지 수십 차례 보고서 초안을 만들고, 검토받고, 뜯어고치는 수정작업을 반복하며 축적되어 온 경험이었습니다. 심플함이 아름답다는 기본원칙도 있었지만 그 전에 지도받았던 나의 상사의 관점, 상사가 선호하는 스타일에 트레이닝된 것입니다. 그 관점의 기준이 보고서의 정석보다 혹은 유명한 컨설턴트 회사의 원칙보다 더 높은 우선순위를 차지하고 있는 것입니다. 저는 고객의 니즈를 맞추기 위해 보고서를 수정하였고 그것은 다시 나에게 체화되어 후배에게 똑같이 전수하고 있습니다. 상사가 선호하는 구조, 색상, 배치, 폰트가 있다면 그것에 동의하고 표현해 내는 것이 바로 상사가 원하는 보고서의 정답이 아닐까요?

활용하기 쉬운 도해 패턴들

1. 그래프

그래프를 도해라고 하니 조금 당황해 하는 사람도 있을 수 있 겠네요. 그러나 문자가 아니면 모두 도해라고 보면 됩니다. 단순히 과학적 실험결과, 설문조사 결과와 같이 원본데이터(Raw data)를 그래프화 하는 것 이상으로, 데이터를 메시지가 드러날 수 있도록 가공하고, 단순화하는 것이 필요합니다. 막대그래프, 선그래프, 폭포그래프(Waterfall), 파이차트, 산점도 등 다양한 그래프가 있으며 각 그래프별 특징에 따라 용도를 명확하게 파악하면 상황에 따라 어떤 그래프를 써야 할지 고민하는 데 시간이 소모되지 않을 것입니다.

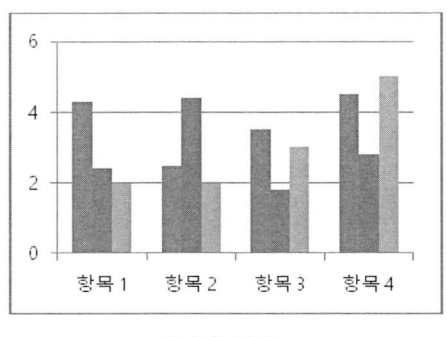

[막대그래프]

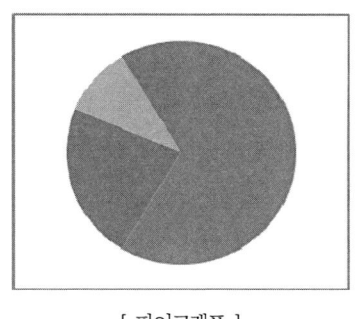
[파이그래프]

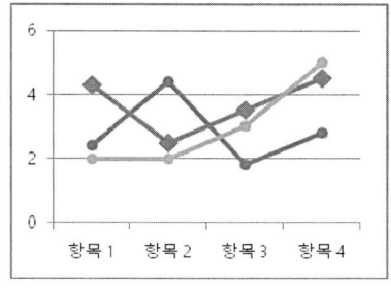
[선그래프]

2. 매트릭스

가로축과 세로축에 각각의 구분자 혹은 변수를 이용하여 데이터를 그룹화하거나 분류하여 정리하고자 하는 도해입니다. 흔히 사용하는 표(Table)도 매트릭스로 볼 수 있습니다. 독자의 시선은 가로축과 세로축을 먼저 보고 구분자를 파악하여 기본 이미지를 그린 후 각 위치를 번갈아가며 순차적으로 살펴보면서 내용을 파악하게 됩니다.

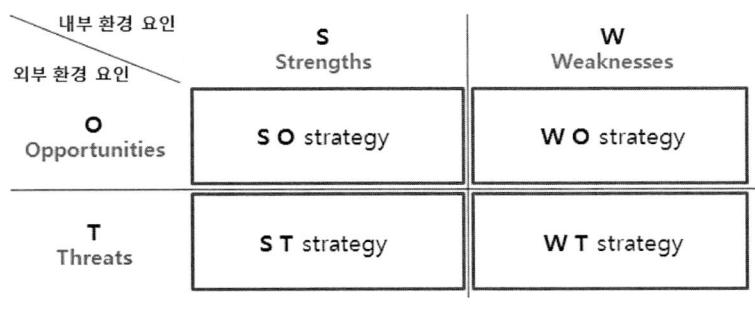
[매트릭스]

3. 로직트리

로직트리 또는 조직도는 논리적인 사고의 흐름, 계층의 구조를 표현하는데 가장 유용한 패턴입니다. 문제의 구성요인들을 분해해 내거나 역으로 원류를 쫓아가면서 실체를 파악하고 전체 그림을 이해하는데 주로 활용될 수 있습니다. 검토내용의 요약된 결과를 전하기보다는 검토과정을 공유하고 생각의 흐름, 정보의 흐름을 상위 계층(레벨), 하위 계층으로 나누어 시각적으로 구분할 수 있도록 합니다.

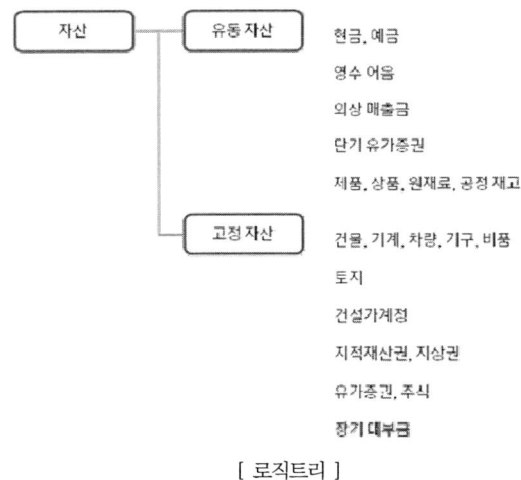

[로직트리]

4. 플로우차트

도해의 모양만 보더라도 그림을 통해 어떤 방향성을 느끼지 못할 사람은 거의 없을 것으로 생각됩니다. 오각형의 모양이 하나만 있다면 짐작하지 못하겠지만 두개, 세개로 늘어나면 이미 도해만으로 '흘러간다'라는 메시지를 전달할 수 있습니다. 이렇듯 플로우차트는 시간의 경과에 따라 혹은 순서에 따라 진행하는 업무, 생각의 흐름을 방향성 있게 보여줄 수 있는 패턴입니다. 식스시그마 방법론 프로세스 중 SIPOC, DMAIC 등을 표현할 때 흔하게 볼 수 있습니다.

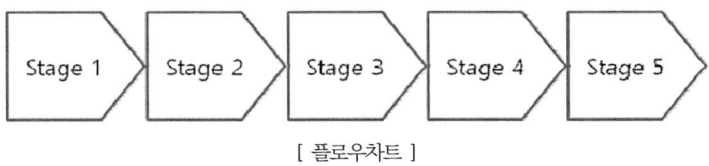

[플로우차트]

5. 균형을 이루는 도형배치 (삼각형, 십자형 등)

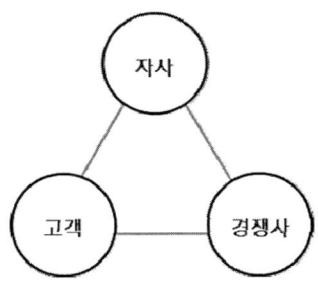

[삼각형 구조의 도형배치 (3C)]

위 삼각형 구조의 도해는 '3C'로서 'Company, Competitor, Customer(자사, 경쟁사, 고객)'에 대해 자사의 업계위치와 경쟁력을 분석하기 위한 마케팅 도구 중 하나입니다. 수많은 요인을 세 가지로 압축하여 균형감 있게 표현하였습니다. 위처럼 삼각형 구조로 배치하여 표현한 자료를 많이 찾아볼 수 있습니다. 도해 구성요소도 대단히 간단하고, 삼각형 구조의 도형배치는 안정감을 느끼게 해줍니다.

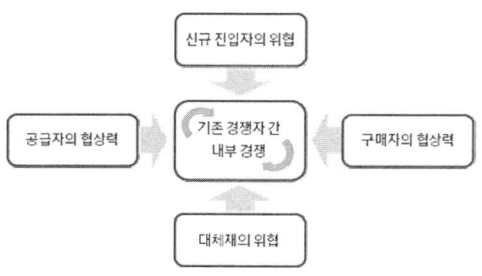

[십자형 구조의 도형배치 (5-Forces Model)]

위의 패턴은 마이클 포터 교수의 5요인 모형(5-Forces Model)입니다. 직사각형 5개를 이용하여 십자형 구조의 도형배치를 이루고 있습니다.

이들 모두 주제를 중심으로 어떤 요인들이 관여되어 있고 앞으로 다루어야 할 핵심사항이 무엇인지를 설명하는데 유용한 패턴입니다. 하지만 이러한 도해 패턴을 사용하는 데는 주의해야 될 점도 있습니다. 도해에 포함된 문구, 용어는 다각적인 검토를 통해 압축하여 많은 의미를 포괄하게 됩니다. 그렇다 보면 기입된 용어의 의미가 때로는 너무 포괄적이 되거나 때로는 너무 추상적이게 될 수 있습니다. 그리고 각 용어와 문구들에 대한 기입공간이 상대적으로 짧아야 되기 때문에 전달해야 하는 메시지를 한 눈에 청자에게 전달하지 못할 수도 있습니다. 이것은 도해를 이용하는 본래 이유인 '빠른 메시지 전달', '전체 파악'과는 괴리가 있다고도 볼 수 있습니다.

장점만 있을 것 같은 도해 표현에도 몇 가지 주의해야 할 사항이 있습니다. 앞서 보았던 비상구의 표식이 전 세계인을 대상으로 남녀노소 구분 없이 직관적으로 이해하기를 희망하나, 조금 극단적인 예시를 든다면 외딴 섬에서 태어나서 오랫동안 문명을 접하지 못한 사람까지도 바로 이해할 수 있을지는 의문입니다. 최소한 도시화된 사회에서 살고 있어야 보는 순간 '나가는 문'이라고 직관적으로 바로 이해할 수 있을 것입니다.

또 다른 이유는 다음과 같은 심리학 실험에서 기인합니다. 자신이 좋아하는 노래를 헤드폰을 끼고 들으며 손가락으로 책상에 리듬을 두들기면서 상대방에서 내가 무슨 노래를 듣고 있는지를 맞춰보라는 게임을 해봅시다. 노래를 듣는 사람은 듣고있는 노래가 너무나 유명해서 손가락 몇 번만 두들기면 모두 알아들을 것이라 생각합니다. 하지만 실험결과에서 손가락 리듬만 듣고 답을 맞추는 비율은 거의 제로(0)에 가깝습니다. 이제껏 배운 도해를 예시로 설명해보겠습니다. 아래처럼 화살표를 이용하여 표현한 도해가 있습니다. 도해를 그린 사람은 자신의 생각과 다르게 이해한다는 것은 거의 불가능하다고 여길 만큼 직관이고 자연스럽게 표현했다고 생각할 것입니다. 하지만 그렇지 않을 수 있습니다.

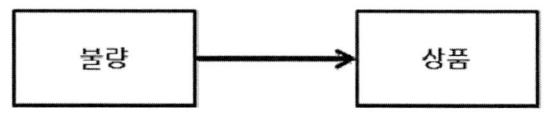

화살표의 의미를 불량품을 개선하여 상품으로 만든다고 볼 수도 있고(화살표의 본래 의도한 의미인 '개선하다'), 불량품도 따로 모아판다면 상품으로서의 역할을 할 수 있다고 생각하는 사람도

있을 수 있고(이때 화살표의 의미는 '가능하다'), 거시적인 관점에서 본다면 '불량을 통해 더 나은 상품을 만든다'(화살표의 의미는 '유도하다')로 해석될 수도 있습니다. 이렇듯 명확히 화살표의 의미를 명시하지 않게 된다면, 보는 이에 따라 화살표의 의미를 다양하게 해석할 수도 있습니다. 물론 대부분 보고서의 전후 맥락과 화살표와 연결된 도해 각각의 의미를 통해 비슷한 의미를 유추해 내겠지만 그렇지 않고 혼선을 줄 가능성이 있다며 반드시 무엇을 의미하는지를 잊지말고 기입해 줄 필요가 있습니다.

도해란 때에 따라 적절한 사용이 필요한 것이지, 보고서의 모든 페이지를 도해나 이미지로 채울 수는 없습니다. 이미지가 많아지면 그것도 문자와 마찬가지로 피로감을 일으키고 한 눈에 받아들이기 어렵게 하기 때문입니다.

그림은 좌뇌를 사용하고, 문자는 우뇌를 사용합니다. 문자는 말을 하는 느낌을 들게 하지만, 그림은 보여주는 느낌을 갖게 합니다. 문자만 계속 나온다거나 그림만 계속 나온다면 이것도 보는 이로 하여금 피로감을 줄 것입니다. 그림은 개념적인 이해를 돕기 위한 용도이며 명확한 의사전달은 기본적으로 문자로 이뤄진다는 것을 명심하고 보는 이로 하여금 좌뇌와 우뇌를 번갈아 사용할 수 있도록 보고서를 작성한다면 효과적인 의사전달이 될 것입니다.

정확한 메시지 전달을 위한 도해 검토 4가지 요소

다음 몇 가지 사례를 바탕으로 어떤 도해가 더 나은지 판단해 보시길 바랍니다. (주관적인 판단이 개입될 수 있겠지만) 도해평가의 관점을 아래와 같이 몇 가지로 압축해 보았습니다.

1. 왜곡

가장 중요한 점은 정확한 메시지 전달이기 때문에 글쓴이의 의도와 달리 해석되어서는 안 됩니다. 글쓴이 자신은 다루는 주제를 잘 알고 있고 계속 고민해 왔기 때문에 그리고 있는 도해의 이미지가 다르게 해석될 수 있다는 점을 간과하기 쉽습니다. 전혀 모르는 사람이 본다는 점을 가정하여 마인드 시뮬레이션을 하면서 객관적이면서 냉철하게 외부의 시선으로 도해를 바라봐야 합니다.

2. 방점

메시지가 다르게 해석되는 왜곡과는 달리, 방점은 글을 읽는 사람의 시선을 끌고 메시지에 인상을 남기기 위해 찍는 점입니다. 도해를 볼 때 시선이 산만해지면서 어디에 눈을 둬야 할지 모르면 실패한 도해입니다. 어디를 봐야할지 모르는 경우에 해당됩니다. 강조하고자 하는 메시지에 방점을 찍으십시오. 방점을 찍는 방법은 해당 위치에만 색상을 넣는다거나 강조체를 쓰거나 직접 텍스트 설명을 표기하는 방법 등이 있습니다.

3. 각인

상대방이 도해를 보고 머릿속에 각인이 되었는지 아닌지를 글쓴이 본인이 판가름하기는 어렵습니다. 각인이 되기 위해서는 몇 가지 요인이 더 필요합니다. 참신함을 느낄 수 있도록 독창적이어야 합니다. 창의성 발휘가 쉽지 않다면 '변화'를 주어 '차이'를 느끼게 하십시오. 사람은 차이가 있다는 점을 쉽게 찾아내고 머릿속에 기억하려는 본능이 있습니다.

4. 단순화

긴 글을 쓰는 것보다 짧게 쓰는 것이 더 어려운 것처럼 도해도 단순하게 표현하는 것이 훨씬 더 어렵습니다. 단순화는 보는 사람의 피로를 줄여주기 때문에 각인에 도움이 되겠지만 지나치게 단순화시키다 보면 자칫 왜곡을 일으킬 수 있으니 주의해야 합니다.

학창시절 슬라이드 하나에 많은 그림과 색상, 여기저기서 끌어온 도표, 3D 형태의 그래프까지 넣어야 만족스러웠지만 직장에서는 그렇게 화려한 보고서를 만들기 보다는 단순화하여 메시지에 집중하여야 합니다.

예제 1)

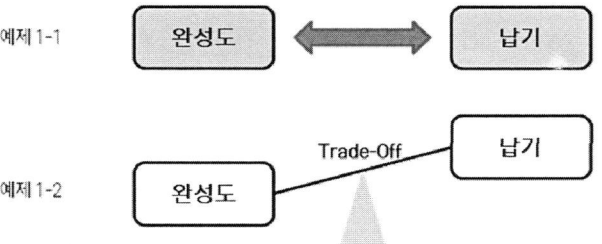

    완성도와 납기 사이에는 Trade-off[6] 관계가 있습니다. 이를 직관적으로 인식할 수 있도록 도해로 표현하여 보았습니다.

    '예제 1-1'에서는 화살표가 둘 사이의 관계를 반대라고 표현하지 Trade-Off로 생각하기는 어려울 것 같습니다. 왜곡이 일어날 수 있는 부분입니다. 이에 반해 '예제 1-2'에서는 'Trade-Off'라는 방점을 표기하여 둘 사이의 관계를 명확히 하였습니다. 또한 시소 그림으로 한 쪽이 낮아지면 한 쪽은 올라간다는 의미를 내포하여 보다 역동적인 인상을 남깁니다. 부가적으로 시선이 시소의 가운데로 쏠리지 않도록 무채색의 옅은 회색으로 삼각형을 처리한 것도 도해에 집중할 수 있도록 도움을 준다고 할 수 있을 것입니다.

---

[6] 어느 한쪽이 커지면 다른 한쪽은 줄어드는 상충관계를 의미.

예제 2)

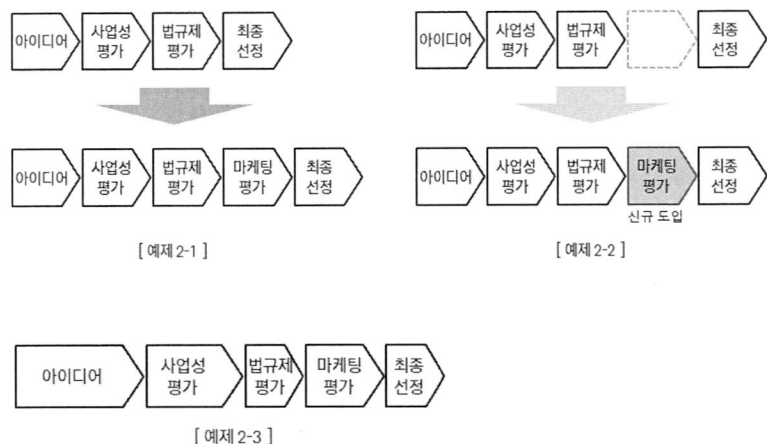

새로운 아이디어를 발굴하고 이를 사업화하는 프로세스를 의미하는 도해입니다. 프로세스의 문제점이 발견되어 최종 사업화선정 전 마케팅 전략에 대한 평가를 추가하고 변경사항을 보고하려 합니다.

'예제 2-1'은 전체 프로세스가 4단계에서 5단계로 변화되었다는 것은 알겠으나 어떤 새로운 프로세스가 어느 시점에 추가되었는지는 위아래로 몇 번 눈이 오가지 않으면 간파하기 어렵습니다.

이에 반해 '예제 2-2'는 3단계 다음에 새로운 단계가 추가되었고 추가된 프로세스가 '마케팅 평가'라는 것을 쉽게 알 수 있습니다.

전체 내용 파악은 두 번째라 치더라도 '마케팅 평가'라는 항목에 가장 먼저 시선이 이동하도록 하였고(방점), 왜곡을 막기 위해 명확하게 하단에 '신규 도입'이라고 표기하였습니다.

'예제 2-3'에서는 단순히 절차만을 보여주는 흐름에서 각 단계에 소요되는 시간이 어느 정도인지를 가늠할 수 있도록 각 단계의 '도형 길이'에 변화를 주었습니다.

　이렇듯 도해 표현 방식은 강조하고자 하는 점이 무엇이며 어떤 정보를 하나라도 더 넣으려고 하느냐에 따라 다양한 형태로 표현될 수 있습니다.

의미를 찾는 데이터 분석 가이드

> *If you torture it enough, you can get it to confess to anything*
> (데이터를 충분히 고문하면 원하는 그 어떤 자백도 얻어낼 수 있다.)
>
> – 프레드 밍거 (Fred Menger, 화학자)

데이터 마이닝(Data Mining)에 대한 한 과학자의 시선을 엿볼 수 있습니다. 데이터 마이닝은 거대한 산에서 광맥을 찾아 파고들어가듯 데이터 더미 속에서 데이터 간 상관관계, 패턴, 경향을 밝혀내는 기술입니다. 통계학의 한 범주로서 자리매김하며 최근 그 위상이 크게 높아진 기술이기도 합니다.

사실, 데이터 가공이라는 것은 작성자의 의도에 따라 전체그림을 무시하고 일부 특정한 부분만을 강조하거나 임의적으로 특정 데이터를 무시하면서 보여주고 싶은 것만 보여줄 수도 있습니다. 독자의 입장에서 그러한 사실을 간파해 내기는 어려울 것입니다.

그러나 드러나지 않은 수많은 상관관계를 밝혀가며 내가 원하는 메시지에 힘을 실어줄 수 있는 데이터를 추출하고 이를 그래프화 한다면 의사결정을 하는데 결정적인 도움이 될 것이라고 저는 해석하고 싶습니다.

데이터를 쌓는 것만으로 아무런 정보가 되지 않는다는 것을 모두들 알고 있습니다. 그래서 이를 '가공하고' 도식화해서 전달하고 싶은 메시지를 그려내는 게 보고자의 주요 역할입니다. 사실 보고서를 작성하는 것은 하나의 기술적인 역량입니다. 하지만 데이터를 '가공한다'는 것은 통찰력이 필요한 부분입니다. 물론 데이터를 가공하는 것은 단순히 반복적이고 지루한 업무일 수 있습니다. 본질적으로 '어떤 결과의 이미지를 그리고 시작하는가? 무엇을 찾고자 하는가? 어떤 데이터를 선택할 것인가? 어떤 의미를 부여할 것인가'에 대해 고민하는 과정의 연속입니다. 이때, 데이터에서 무엇을 찾아야 할지가 분명하다면 작업은 매우 쉬워집니다. 아래에서는 데이터를 통해 의미를 찾는 방법에 대한 가이드를 제시해 드리겠습니다.

1. 회사 목표와의 연계성을 찾아라

현대사회가 급속도로 디지털화됨에 따라 우리가 하는 행동 하나하나를 모두 수치화(디지털화)하려는 노력이 계속되고 있습니다. 숫자로 표현되지 않으면 정보를 받아들이는데 사람마다 편차가 발생되고 불균형을 유발한다고 생각하기 때문입니다. 또한 정리된 수치는 상관관계를 찾기 용이하게 하며, 한 눈에 다양한 정보를 보기 쉽게하는 효과도 갖고 있습니다.

여기서 어떤 과정을 거쳐 수치화 했는지와 그 결과를 어떻게 해석할 것인가에 대한 논란은 계속되고 있습니다. (이 부분은 측정, 통계, 조사방법론 등 다양한 학문에서 다뤄지는 영역입니다.) 일상생활에서도 이러한데 하물며 수치에 따라 회사의 이익에 큰 영향을 줄 수 있는 업무과정에서는 수치에 대한 흐름에 항시 주의를 기울이고 있습니다. 업무상으로는 내가 분석하고 있는 데이터에서 회사의 전략, 방향, 목표 관련 지표와 직간접적으로 상관성을 가지는 수치를 찾는 것이 데이터 분석의 최우선 방향입니다.

다행히 회사에서 항시 주의를 기울이고 있는 수치, 특히 경영진이 관리하고 있는 수치는 그렇게 많지 않습니다. 손익분기점이 되는 환율, 제조원가의 현실치와 목표치, 영업이익률이 하락하기 시작하는 월간판매량, 구매단가가 낮아지기 시작하는 최소단위, 생산을 하면할수록 손해가 나기 시작하는 불량률 수준 등.

자세히 살펴보면 대부분 회사의 손익에 영향을 주는 부분이 무엇인지에 대한 수치입니다. 어떤 업무를 하였을 때 회사의 경영전략 지표에 어느 정도의 영향을 미치는지 절대값으로 보여줄 수 있다면 좋은 지표입니다. 월간, 연간 목표치 대비 현재 수준이 어떠한지(높은지 낮은지)를 알아낸다면 좋은 분석결과일 것이며, 차선책으로 다른 경영지표에 직간접적으로 어떤 영향을 미칠 수 있는지에 대한 근거자료로 활용될 수 있다면 이 또한 매우 생산적인 분석결과로 대접받을 것입니다. 혹, 현재는 없지만 회사의 경영현황을 판단하고 향후를 예측하는데 중요한 지표와 그 지표를 수집하고 분석하는 방법을 개발해 낸다면 연구부서에서 신기술개발에 필적하는 개인성과로도 경영진에 어필할 수 있을 것입니다.

2. 차이를 찾아라

앞서, 둘 이상의 비교대상에서 차이를 찾아내는 것은 인간의 본능이라고 하였습니다. 우리 인간의 눈은 너와 내가 서로 다르다는 것, 차이가 있다는 것을 아주 예민하게 찾아냅니다. 혹, 최소한 서로 어떤 점이 다르다고 명확하게 꼬집어 말할 수 없을지라도 명확하게 표현할 수는 없지만 분명 차이가 있다는 것을 감지할 수 있다는 것입니다. 그렇기 때문에 말과 언어를 최소화하면서도 메시지를 전달할 수 있는 것은 '차이'를 찾아내어 부각시키는 작업을 해야 합니다. 통상적인 그래프 도식화를 통해 기존과 대비하여 '높다, 높아지고 있다, 같다, 낮다, 낮아지고 있다' 등의 차이를 찾아내면 정보로서 효용성이 생기기 시작합니다.

3. 경향성을 찾아라

데이터를 분석할 때 수치의 도식화를 통해서는 높아지지도 않고 낮아지지도 않는다면 그래프만을 가지고 메시지를 찾을 수 없을 수 있습니다. 이런 경우 수치를 재분류하여 어떤 그룹화가 이뤄지는지를 파악해 볼 필요가 있습니다. 꿈보다 해몽이라는 말이 비아냥거리는 말로 들릴 수 있지만, 때로는 무에서 유를 창조하듯 아무도 보지 못했던 수치의 의미를 찾아낼 수도 있습니다. 전체 비율은 같더라도 어느 특정항목 비율이 높아지는 경우나 전체 볼륨은 비슷하지만 이전에 없었던 새로운 항목이 참입한다거나 급격히 확정하여 한 부분을 차지하는 경우 등 전체에서 특정 구성원의 집합이 늘어나거나 줄어드는 경향을 찾아보도록 합니다.

4. 상관성을 찾아라

이슈를 직접적으로 나타내는 수치, 이슈를 쪼개어 세부 항목으로 나누었을 때, 어느 하나에 해당되는 지표로서 이슈가 타당하고 개선이 필요함에 대한 근거를 뒷받침하는 수치를 찾습니다. 목표

지표와 어떤 상관성이 있는지를 밝히는데 더 많은 시간이 소요될 수 있습니다만 가지고 있는 데이터가 충분하지 않고 활용할 자원이 부족할 경우 가지고 있는 자료를 십분 활용하는 측면에서 검토해 볼 만한 가치가 있습니다. 하지만 지나치게 끼워맞출 경우 신뢰성이 떨어질 수 있으며 충분한 고민이 부족하다는 지적을 받을 수 있기에 사용하기 전에 한 번 더 고민해야 합니다.

5. 변곡점을 찾아라

여러 데이터를 상호 비교할 때 유용합니다. 하나의 그래프가 다른 하나를 추월하는 추월점 혹은 교차점, 그래프의 방향이 서로 달라지기 시작하는 분기점, 격차 확대점, 방향 전환점이 주요 변곡점입니다. 몇 개의 그래프가 있을 경우에는 그래프간 서로 상대 비교하는 질문들이 많아지고 특히 이러한 변곡점에 대해서 메시지를 찾고자 할 것입니다. 대표적으로 주식 그래프를 기술적으로 분석하는 방법으로 5일선, 20일선, 60일선 등이 모두 변곡점에 해당됩니다.

# 디자인 서식모음집

'디자인 서식모음집'은 자신이 자주 쓰는 디자인 양식을 한데 모아 놓은 파일입니다. 자신만의 서식모음집을 갖추는 것은 업무의 효율성과 일관성을 유지하는 데 많은 도움을 줍니다. 이미 인터넷의 수많은 사이트에서 무료, 유료로 다양한 형태의 업무양식을 배포하고 있어서 손쉽게 구할 수 있기도 합니다.

자주 반복되는 일에서는 더더욱 양식 활용이 중요합니다. 주변에서 이러한 것을 가장 쉽게 접할 수 있는 곳은 관공서입니다. 관공서의 표준양식은 민원처리에 필요한 정보를 주고받는 효율적인 대화수단이기도 합니다. 다만 작성하기가 다소 어렵습니다. 유리판 밑에 작성예시를 끼워놓고 익숙해질 때까지는 보면서 해야하는 수고도 필요합니다. 아마 처음부터 그렇게 어렵게 만들어 놓지는 않았을 터인데 문제점들이 지속적으로 개정되면서 조금은 복잡한 방향으로 변형되어 흘러오지 않았나 생각됩니다. 어찌되었든 표준양식은 업무의 효율성 특히, 신속한 일처리를 도와준다는 점에서 유용합니다.

기획하는 사람은 기존과 다르게 새롭게 바꿔서 시도해 보려는 것을 주저하지 않는 사람들입니다. 그리고 전략, 기획 그리고 회사에서 일어나는 특정이슈 관련 각종 보고서에는 양식이 있기 어렵습니다. 문서양식을 검색하고 참조하기는 하겠지만 그 양식을 그대로 사용한 경험이 과연 몇 번이나 있었나요? 기획의 DNA를 가지고 있다면 설사 양식이 있다 하더라도 자신의 생각을 부각시켜 좀 더 어필하고자 하는 표현의 욕구를 양식 변경으로 드러나게 됩니다. 문서를 작성할 때 업무효율성을 위해서 글의 구조나 스토리, 레이아웃에 대한 양식은 문서의 성격에 맞게 만들어 나가되 세부적인 구성요소들은 자신만의 양식을 활용하는 것이 바로 그것입니다. 각종 그래프 디자인, 이미지, 폰트, 강조방법, 지시선 등이 이러한 구성요소들이겠네요. 자신만의 지정된 구성요소를 활용하는 것은 보고서의 구성이 서로 다를지라도 디자인의 일관성을 가질 수 있다는 것이며, 이는 곧 남들과 다른 자신의 색깔을 드러내 주는 역할을 톡톡히 하게 됩니다. 즉, 구성요소의 일관성은 보고서의 작성자가 누구인지를 알 수 있게 하는 브랜드와 비슷합니다. 내용 구조에서는 자신만의 색깔을 담기가 어렵기 때문이죠.

서식모음집 활용의 효과)

1. 일관된 디자인 : 동일한 디자인 양식은 메시지를 강조하고 자신의 브랜드를 쌓는 데 유리
2. 작업시간 단축 : 표, 그래프 등 도식화 작업의 효율성 증대
3. 내용에 집중 : 디자인 관련 고민을 최소화하고 내용작성에 집중하는 데 도움을 줌

　　서식모음집 작업은 간단합니다. 표지를 포함한 기본페이지와 표 샘플, 그래프 샘플, 폰트, 지시선 및 색상선택 등을 정리하면 완성됩니다. 그리고 이를 주기적으로 업데이트를 해주기만 하면 됩니다. 문서작성을 위해 빈페이지를 열기도 하겠지만 기존에 보고했

던 디자인 서식모음집 속의 기 작성문서를 열고 일단 '다른 이름으로 저장(Save As)'을 누른 후 작업을 시작하면 됩니다.

강력한 인상을 남겼던 디자인이 있다면 벤치마킹하고, 내 것으로 만들기 위해 디자인 서식모음집에 수집해도 되겠습니다. 파워포인트에서 사용할 수 있도록 공개된 아이콘과 이미지는 이미 수없이 많습니다. 이 중에서 선택하여 가져올 수도 있겠으나 가급적 자신이 직접 만들어 둔다면 다른 사람과 겹쳐 사용될 여지도 없게 되어 더욱 유용할 것입니다. 평소 메모하는 습관처럼 보고서 작성에 필요한 디자인도 서식모음집을 하나 만드셔서 적극 활용하시기를 추천해드립니다.

생각을 멈추게 하는 단어들

　서술어의 직관적 표현은 피로최소원칙에 따라 전달하고자 하는 메시지를 눈으로 확인함과 동시에 이해할 수 있는 표현이 이상적입니다. 직관적 표현의 핵심은, 메시지를 볼 때 전체 메시지나 특정 단어의 의미가 명확하게 이해되지 않거나 혹은 여러가지 의미로 해석될 수 있는 모호한 용어 사용을 최소화하는데 있습니다.

　'끝맺음이 명확한 문장, 행동의 모호함을 남겨 놓지 않는 문장, 단순 상황설명이 아닌 무엇을 해야 할지가 담겨있는 문장'은 보는 사람의 마음이 편하게 합니다. 혹 내용에 문제가 있더라도 무엇을 해야 할지 생각했다는 것만으로 이후 수정작업을 훨씬 수월하게 해줄 것입니다. 이를 위해 명확한 용어를 사용하는 것은 생각의 흐름이 끊기지 않도록 하고 메시지의 신뢰성을 높이는데도 도움이 됩니다. 이 장에서는 빈번하게 사용되는 '생각의 흐름을 끊기게 하는' 표현들을 짚어봅니다.

'~한 것 같습니다.'

이번 분기부터 소비심리가 되살아나 판매량이 늘어날 것 같습니다. 그래서 금월 실적은 이전 분기 평균보다 상회할 것 같습니다. 이런 분위기에 따라 고객의 선호 제품을 미리 구매하여 물량을 확보하는 계획 수립이 필요할 것 같습니다.

하자고 하는 것인지, 좀 더 고민해 보자는 것인지 작성자의 의도가 불분명합니다. '~할 것 같다'는 표현은 충분히 조사하지 않아 결과가 명확하지 않거나 직접 확인하지 않고 남에게 건너들었거나, 틀릴 수도 있다는 일말의 가능성을 열어두고 있는 표현으로 비춰질 수 있습니다. 실제로 그런 이유로 의도적으로 사용하는 경우도 있겠지만 습관적으로 사용하는 경우가 많습니다. 어느 경영진이라도 '~할 것 같은' 추측을 근거로 의사결정을 내리지는 않을 것입니다. '~합니다.', '~하다고 판단됩니다.', '~하다고 결론짓습니다.' 등으로 고쳐 사용하는 것을 추천합니다.

'모두 알다시피'

모두 알다시피, 회사는 지난 3년 동안 추진해온 신기술개발 분야에서 드디어 결실을 맺게 되었습니다. 이러한 결실은 곧바로 금년 상반기 실적에서 조금씩 빛을 발하고 있습니다.

"난 모르는데? 나만 모르나? 난 모른다고!" 이렇게 한 번쯤 소리치고 싶었던 경험이 있지 않은지요? 지난 한달 간 일어난 일도 내 분야가 아니면 잘 모르는데 3년간의 얘기라니. 그렇게 얘기하는 발표자에게 '정말 모두가 알고 있다고 생각하나요?'라고 묻게 되냐면 '모두 다는 아니겠지만, 그래도 대부분 그렇지 않을까요…?'라고 전제를 깔았다고 인정합니다. 꼭 필요해서 쓰기 보다는 습관적으로 글 서두에 쓰는 경우도 종종 보게 됩니다. 이것도 깊이 고민하지 않은 결과의 하나입니다.

　무엇을 알고 있어야만 보고 흐름이 진행된다면 간략히 설명을 덧붙여 주는 세심함이 필요합니다. 주의도 환기되며 기본지식을 갖게 되었으니 좀 더 집중력을 높이는데도 도움이 될 것입니다. 다만 항상 이러한 것들 이전에 다시 생각해 보십시오. 이 표현을 쓰지 않아도 앞뒤 문맥에 이상이 없으면 차라리 쓰지 않기를 추천합니다.

'있을 수 있다.'

　이 제품의 현재 매출 상황으로 볼 때 환율의 영향으로 손익이 뒤바뀔 수 있습니다.

　그래프를 그리는 사람은 수치를 다룰 수밖에 없습니다. 그리고 수치를 다루는 사람은 통계가 무엇이고 확률이 무엇인지를 알아야 합니다. 내가 직접 쓰지 않더라도 다른 사람의 글 속에서, 말 속에서 오류를 찾아내는데 반드시 필요한 사고 절차일 것입니다. 숫자를 다루는 사람에게 '있을 수 있다'는 조심해야 하고 의심의 눈초리로 다시 살펴봐야 하는 단어입니다. 아주 모호한 표현이기 때문입니다. 위의 예시처럼, 수출비중이 높으면서 이익률이 낮은 제품이라면 이렇게 환율영향으로 수익이 손실로 뒤바뀌는 경우는 흔합니다. 바로 그 메시지일 것입니다. 그러나 곰곰이 생각해보면 위의 예문은 굳이 쓰지 않아도 될 문장일 수 있습니다. 환율의 영향에 대해서 깊이 검토가 되지 않아 그 영향에 대해서 결론을 내리지 못하였다는 반증일 수 있고, 손익이 바뀔 가능성이 농후하여 추후 이슈제기에서 의도적으로 도망치기 위한 탈출구로 만들어 놓은 장치일 수 있습니다. 어느 경우이든 불완전한 상태입니다. 하지만 만약 '그렇기 때문에 환율에 대한 리스크 관리를 어떻게 해야 합니다'라는 조언이 포함된다면 의미있는 내용으로 바뀔 수 있습니다.

귀에 걸면 귀걸이, 코에 걸면 코걸이처럼 모호한 문장에 주의하시기 바랍니다. (그래서 정치인들이 습관적으로 사용하는 걸까요?) 어느 경우든 틀렸다라고 비난받지 않으려 쓰는 문장에는 말이죠.

'~등'

이번 가전전시회 결과, 소비자의 주요 관심사는 선명한 화질, 잡음없는 맑은 음향 등에 있었습니다.

'등'이라는 단어는 중요한 보고서에서는 치열하게 생각하지 못했다는 것을 보여주는 단어입니다. 위의 '있을 수 있다'와 같은 맥락으로 미리 피할 구멍을 만들어놓는 전략 중 하나입니다. 위의 예문의 경우 중요한 위치에 있는 문장이 아니라면 그냥 넘어갈 수 있겠습니다. 하지만 보고 전체를 요약하는 위치거나 하위요소를 그룹화한 문장이라고 하면 경영진은 의사결정을 내려야하기에 '등'이라는 부분에서 큰 불편함을 느낍니다. 파악한 주요 관심사가 4~5가지였다면, 한 번은 주고 넘어갈 수 있지만 단 2개를 나열해 놓고 '등'을 썼다는 것은 고민을 하지 않은 불성실함으로 보이기 때문입니다.

모든 것을 다 나열할 수 없기에 '등'을 쓰는 것은 이해할 수 있지만, 전체가 얼마인지도 모르거나 상세한 조사가 이뤄지지 않아 이를 덮기 위한 단어라면 깊이없는 보고서로 충분히 오해를 불러일으킵니다. 또한 '등' 속에 의도적으로 불리한 점을 숨겨 놓은 건 아닌지 의심을 살 수도 있어 의사결정 순간에는 망설이게 합니다.

'~외 몇 건'처럼 마무리가 있는 표현으로 바꿀 것을 추천합니다.

'거의'

'있을 수 있다'와 마찬가지로 '거의'는 책임회피형 단어입니다.

거의라는 단어를 어떻게 받아들이느냐는 듣는 사람마다 모두 다릅니다. 이러한 점이 나중에 책임을 회피하는 근거로 작용하게 됩니다. 처음 얘기할 때 거의는 99.9%에 가까운 의미였지만 시간이 지나 70%로 확신이 떨어진다고 한들 누구도 그것에 문제를 제기할 수가 없을테니까요. 그래서 엄격한 사람이거나 노련한 경영진은 '거의'라는 단어를 꼬집습니다.

이 단어는 가급적 쓰지 않기를 추천하며, 그래도 써야한다면 '90% 이상'처럼 수치화된 표현으로 쓰는 것을 추천합니다. 숫자는 그렇게 상대방에게 믿음을 줍니다.

과도한 한자 사용 (이론어 남용)

한자는 동음이의어의 정확한 의미를 구분지어주기도 하고 긴 문장을 간략하게 단축시켜주기도 합니다. 하지만 과도한 한자 사용은 가독성을 떨어뜨리게 됩니다.

과학철학분야에서는 '관찰어'와 '이론어'를 구분합니다. 관찰어는 다른 말로 '자연언어'라고도 합니다. 별다른 설명이 필요없이 일상적인 대화 속에서 주고받는 언어란 뜻입니다. 반면에 관찰어는 단어가 가지고 있는 의미에 대해 서로 눈높이를 맞추고 공감대를 갖기 위해서 별도의 정의와 설명이 필요한 단어들입니다. 어려운 한자로 구성된 단어들이 많습니다. 이러한 어려운 단어들은 읽는 이에게 직독직해[7]를 방해받게 됩니다. 한자에 약한 사람이라면 거부감을 느끼기도 합니다. 위로 올라가는 보고서일수록 한자 사용이 잦아지는 경향이 있습니다. 이것을 저는 높은 직급에 있는 사람이 나이가 많고 젊은시절 한자 학습과 사용이 많아 한자에 상대적으로 익숙하기 때문이라고 생각합니다. 좀 오래된 신문을 들춰보면 지금 신문과 비교할 수 없을 만큼 많은 한자가 사용되고 있었지요. 혹자는 보고서의 격이 느껴진다고도 하지만 세대를 건너뛰면 상당한 불편함을 느끼게 됩니다. 과도한 한자 사용은 지양하고 가급적 자연언어를 사용하게 된다면 메시지 전달의 속도가 훨씬 빨라지게 됩니다. 어쩌면 이 부분은 세대가 바뀌면 자연스럽게 해결될 문제이기도 합니다.

최근에는 한글의 명확한 의미를 확인하기 위해 한글 뒤에 괄호로 한자를 쓰는 것이 아니라 영어를 쓰는 사례를 자주 보기도 합니다.

---

7) 보자마자 해석하는 것.

지나친 겸손형 (관리사무소형)

미흡한 점 조심스럽게 양해 부탁드리며 현 문제 상황을 원점부터 다시 파악하여 향후 의사결정 하시는데 차질 없으시도록 사전에 보고드리도록 하겠습니다.

보고서에서도 서술형으로 써야 할 경우는 많습니다. 그리고 대체적으로 보고를 받는 사람은 상사이기 때문에 연장자인 경우가 많습니다. 이런 경우, 서술형의 글을 쓸 때 높은 사람 앞에서 자세를 낮추고 겸손함을 보이는 것은 지극히 당연한 예의지만, 보고서에서는 오히려 해악입니다. 극존칭을 빈번하게 사용하거나 임금에게 보고라도 하듯 '아뢰옵기 황송하고 누추하여 고개를 제대로 들지 못할 만큼 부끄럽지만 감히 한 말씀 올리겠사옵니다.'라고 할 정도로 겸손 어구가 길게되면 오히려 더 이상 예의 바르다고 생각하지 않게 됩니다. 상사 입장에서는 하루에도 수많은 메일, 보고서 등이 쏟아지고 있고 여기서 중요내용을 쉽게 파악하고 해야 할 일을 정리해야 하기에, 과도한 겸손은 오히려 집중력을 흩트리게 하며, 달콤한 말로 무언가를 숨기는 듯한 인상을 줄 수 있습니다.

(어쩌면 안절부절 못하다는 인상을 줄지도 모릅니다.) 그리고 한 문장 안에서 높임말을 중복해서 사용하는 것은 국어 문법에도 맞지 않는 표현입니다.

전문가에게 미사여구는 통하지 않는다

금년도 집행되는 비용절감 방안으로 전 임직원이 참여하는 오픈형 토론 형태의 SWOT분석을 하고 워크샵을 추진하고자 합니다.

축적된 경험과 노하우를 금번에 새로 추진하는 프로젝트에 반영하여 투자효과를 극대화하고 전체 일정을 단축하고자 합니다.

설계단계 집중 리뷰, 프로세스 최적화, 일일/주간단위 일정관리 강화, 리소스 투입범위 확대 및 세부관리 추진.

위 내용을 읽고 어떤 점을 느끼셨나요? 얼핏 보면 설득력 있는 주장처럼 들리기도 합니다만 아주 문제점이 많은 내용입니다. 이를 파악하지 못한 사람은 근사한 미사여구와 세련된 표현들에 흡족해하며 박수칠지도 모를 일입니다. 전혀 잘못된 것만은 아니나 표현 자체가 뜬구름 잡는 것일 수 있기 때문입니다.

첫 번째 문장을 보면, 워크샵을 추진한다고 하여 비용절감이 되지는 않습니다. 그게 전 임직원이 참여하든 하지 않든 오픈형 토론이든 아니든 비용절감과는 하등의 관계가 없습니다. 두 번째, 세 번째 문장도 뜬구름 잡기는 마찬가지입니다. 취지는 좋으나 '그래서 무엇을 해야 하는가?'에 대한 궁금증만 떠올리게 됩니다.

위 세 문장의 문제를 모두 파악하였는지요? 모두 무엇을 말하고자하는지 의도는 알겠으나 다음을 기약하며 구체적인 실행방법 없이 보고가 끝이 납니다. 성과를 내기 위해 임무를 주는 상사/경영진의 입장에서는 답답함을 느낄 것이며, 회의참여자 입장에서는 보고하기 전(前)과 후(後)가 달라지지 않는 시간낭비일 것입니다.

이러한 문제를 들으면 위해 우리는 '어떻게(how)' 즉, "당장 내일부터 무엇을 하면 되는가?"라고 질문해봅시다. 실행방법에 대한 로드맵을 그리게 만드는 이러한 질문은, 지금 이 회의실 문을 나가서 누구에게 협조를 구하고 어디로 가서 무엇을 해야 하는지 생각하게 만듭니다.

 **문법**

　문법은 기본 중의 기본입니다. 특히 단어를 잘못사용하게 되면 보고서를 읽는 이로 하여금 의미해석이 당초 원했던 것과는 달라질 수도 있고, 보고서의 수준이 떨어져 보이게 됩니다. 문법에는 단어의 적합한 사용, 맞춤법, 띄어쓰기 등이 있지만 여기서는 보고서에서 자주 사용되지만 무의식적으로 잘못 사용하기 쉬운 사항에 대해 짚고 넘어가려 합니다.

회계기호 △

　'△' 기호는 음수를 가리킵니다. 양수인 경우, 별도 표기가 없거나 '▲'를 쓰기도 합니다. △ 기호가 왜 음수를 나타내는 기호로 사용되었는지에 대해서는 몇 가지 설명이 있습니다. 과거 손으로 부기[8]하던 시절, '-' 기호는 다른 숫자로의 변형 즉, 위조하기 쉬워 이를 막기 위하여 삼각형 기호를 사용하였다는 설명이 가장 유력합니다. 예를 들어 -3,500을 쓴 경우 글씨가 반듯하지 않은 경우 43,500으로 악의적으로 고쳐쓸 수도 있기 때문입니다. 그래서 이를 명확하게 하기 위해 삼각형 기호를 쓰기 시작하였는데 왜 그 많은 기호 중에서 삼각형인가에 대해서도 연유도 분명하지는 않습니다. 수학에서 변화량을 나타내는 델타(Delta) 기호와 유사하기

---

[8] 부기(Bookkeeping) ; 회계에서 장부를 기입하는 일

때문에 사용하기 시작했다는 유래가 있을 뿐입니다. 또한 과거 삼각형 안에 색상을 넣어서 검정색은 흑자를 빨간색은 적자를 나타내기도 하였습니다. 그러나 인쇄기술이 발달하면서 이를 복사하게 되면 빨간색도 결국 검정색으로 나타나게 되면서 둘의 색상을 구분할 수 없기 때문에 이를 감안해서 색상이 없이 테두리만 있는 삼각형을 쓰게 되었고 이게 현재의 회계상 음수표기의 기준으로 굳어지게 되었다는 설명입니다. 이 기호가 어떤 공신력을 표준화된 기호는 아니며, 컴퓨터 없이는 업무가 거의 불가능한 요즘에는 엑셀프로그램에서 인식할 수 없는 기호이기 때문에 실무에서는 오히려 거의 사용하지 않는 기호입니다. 또한 이 기호는 주식시장의 상승, 하락 기호와의 혼선을 유발하기도 합니다. 다만 문서상에서 관례적으로 수치 표현의 음수기호를 '-'가 아닌 기호로 표기한다면 역삼각형이 아닌 삼각형, 색상이 포함되지 않은 삼각형 기호를 표준으로 사용하여 혼선이 없도록 해야 할 것입니다.

% vs. %p

'%'는 백분율입니다. 전체를 100으로 놓고 볼 때 차지하는 비율을 뜻합니다. 그런데 '%p (퍼센트 포인트)'란 것도 존재합니다. 다음과 같은 신문기사가 있다고 가정합시다.

금년도 청년 취업률이 전년도에 비해 5% 상승, 92%를 기록하며 최근 10년 내 가장 높은 상승률을 보여주고 있어 경제 회복의 신호탄으로 보이고 있습니다.

위 표현은 잘못된 표현이므로 실제 신문기사에서 볼 수 없을 것입니다. 위에서 백분율을 계산한 분모를 알 수 없기 때문에 전년도의 취업률을 '92% - 5% = 87%'라고 할 수 없습니다. 그렇다고 '92 / 87 = 1.057'이라 하여 '5.7% 상승했다'라고 보기 어렵습니다. 위 신문기사에서는 '전년도 87%에서 금년도는 5%p 상승한, 92%'라고 표현하고자 했던 것입니다.

50%가 70%로 상승하였다면 상승률은 '70/50 = 1.4', 즉 '40% 상승하였다'고 하는 것이 맞는 표현일까요? 분모가 같다면 맞는 표현이겠지만 그렇지 않다면 (대부분은) 잘못된 표현입니다. 분모가 다르다면 20%p 상승했다고 하는 것이 정확한 표현이 되는 것입니다.

%는 각종 그래프에서 빈번하게 사용되는 메시지입니다. 다방면에서 살펴볼 때 비율의 % 수치를 그대로 다시 비율계산에 활용하는 것은 틀릴 가능성이 많습니다. 그러므로 반드시 비율의 상승, 감소에는 %p를 사용하시기 바랍니다.

% 평균

평소 회사에서 데이터를 집계해서 그래프로 바꾸고 증감을 표현하면서 사용하는 평균은 크게 '산술평균'과 '조화평균' 정도입니다. 조화평균은 연간 성장률을 구할 때 사용하는 것 정도로만 기억해도 충분하고, 나머지는 산술평균을 사용하면 충분합니다.

산술평균은 'n개의 값을 모두 더한 값을, 다시 n으로 나눈 수'입니다. 그런데 이 산술평균을 무의식적으로 %값의 평균을 내는데 사용하는 우를 범하기도 합니다. 예시를 살펴보도록 하겠습니다.

〈(예시) 지점별 판매목표 달성률〉

판매지점	단위	A	B	C	D	합계
목표	개	500	600	400	800	2,300
판매량	개	450	300	300	600	1,650
달성률	%	90	50	75	75	72.5

　이 회사의 각 지점별 판매 목표 달성률은 72.5%로 나타나 있습니다. 맞는 표현일까요? 사실 이를 눈으로 쉽게 찾아낼 수 있을 것 같진 않습니다. 왼쪽에 있는 수치를 더해서 이를 4로 나누면 72.5 라는 수치가 나오는 것은 맞습니다만 각 수치는 모두 달성률을 나타내는 % 이기 때문에 이를 산술평균 내는 것은 틀린 계산값이라고 할 수 있습니다.

　위의 전체판매 목표달성률은 '1,650 ÷ 2,300 = 0.71739…', '약 71.7%'가 정확한 표현입니다. 모수를 알지 못한 상태에서 % 수치만으로는 전체의 평균을 구할 수 없습니다.

PART 5

직관은
경험과 지식
축적의 결과

직관은 경험과 지식 축적의 결과

　회사 업무를 하면서 우리는 해당 분야의 전문가나 리더가 우리는 도저히 생각해 낼 수 없는 방법으로 문제를 해결해 나가거나 문제를 전혀 다른 시각으로 접근하여 문제를 해결하는 경우를 보아왔습니다. 해당 분야에 경험이 많지 않은 경우 문제점을 파악할 때, 우리는 문제를 가까스로 이해한 후 절차에 따라 문제를 분해합니다. 그리고 세분화된 문제에서 다시 우선순위를 선정하여 가장 결과물에 영향력이 있는 요인이 무엇인지 찾아냅니다. 이와 반대로 전문가나 리더는 문제를 접하고 잠시 생각에 잠기다 몇 분 이내, 빠르면 몇 초 만에 동일한 결론에 이르기도 합니다. 당연히 경험이 많기에 과거에 유사한 사례를 접했던 것이며 그때 근본적인 문제는 무엇이었고 어떻게 대처했었는지를 기억하고 있기 때문이겠지만… 그래도 그런 그들과 우리를 상사가 업무효율면에서 비교한다면 당장 누구라도 불만을 터뜨리고 싶을 것입니다.

　회사의 특정업무가 아니라 일상생활에서는 어떨까요? 일상에서도 이런 일은 다반사로 일어납니다.
　평상시와 다를 바 없이 딸아이로부터 전화가 걸려옵니다. 특별할 게 없는 시간에 걸려온 전화이지만 수화기 너머로 애교가 넘치는 친절한 어투, 어조의 딸아이 목소리를 한두 마디만 듣고도 뭔가 필요하구나라는 것을 직감합니다. 도대체 어떤 부분에서 무엇을 포착하였고 왜 그 많은 선택지 중에서 뭔가 필요하다는 선택지를 골랐는지를 스스로도 잘 설명할 수 없습니다. 그들은 '그냥 들으면 안다'로 답변할 것입니다. 클래식 음악마니아라면 오케스트라 연주회에서 앞줄에 앉은 여러 연주자의 바이올린 소리 중 하나하나를 구별하여 들을 수도 있을 겁니다. 비트가 강렬한 록 음악이라고 해서 다르지 않습니다. 록마니아는 똑같이 들리는 드럼비트 속에서 단 한 개의 실수를 찾아내고 아마 순간 이마를 찡그리기도 할 텝니다. 그렇게 우리는 이미 수많은 분야에서 전문가의 위치에 올라있고 고도로 집중하며 순간적으로 선택하는 '직관'을 미처 인식하지도 못하게 많이 사용하고 있습니다.

직관은 단순히 주변을 주의깊게 관찰해서 내린 결론만은 아닙니다. 반복되는 학습과 강화를 통해 생기는 능력이 직관임을 여러 심리학 연구결과가 뒷받침하고 있습니다. 이것을 가장 잘 설명하는 연구사례는 미국의 응용심리학자 게리 클라인(Gary Klein)의 직관과 경험의 균형점에 대한 연구입니다. 그는 아주 짧은 시간에 중요한 결정을 내려야 하는 공군조종사들의 의사결정 과정에 대한 연구를 하던 중, 사례수집이 쉽지 않아 이와 유사한 소방관의 의사결정으로 눈을 돌려 연구를 진행하게 됩니다. 여기서 그는 예상치 못했던 수많은 경험담을 수집하게 됩니다.

소방관들 대부분은 놀랍게도 자기들이 의사결정을 했다고 생각하지 않고 절차에 따랐을 뿐이라고 말했습니다. 그러나 실제 그들이 생각한 '절차'라는 것은 별도의 매뉴얼이 아니며, 소방관들이 수십 년에 걸쳐 축적한 현장경험과 선배들의 코칭이었습니다.

위 사례만으로 '직관은 축적된 경험이다'라고 선언하기에는 조금 부족함을 느끼고 지금 (보고서 등의) 글쓰기를 공부하는 과정을 무색하게 만듭니다. 그래서 연구자들은 다시 '직관'과 '경험' 사이에 '학습'이라는 과정을 추가하게 됩니다. 여러 연구결과에서, 새로운 것을 찾아내는 발상은 지식과 기억 등이 없으면 독립적으로 발현되지 않음을 밝혀냅니다. 즉, 우리는 많은 사람과 대화하고 (낯선 경험처럼) 새로운 자극을 받아들이면서 비로소 지식과 기억을 흡수하여 경험을 쌓는 활동(학습)을 하게 됩니다. 살면서 지금까지 자신이 알고 있는 지식이나 기억과 끊임없이 비교하여 어떤 지식은 버리고 어떤 지식으로 기억에서 대체하면서 본인만의 (논리적/직관적) 체계를 구축해 나가게 되는 것입니다. 그리고 이러한 과정에서 이제껏 없었던 새로운 발상이 생기게 됩니다.

학습은 직관으로 가는 또다른 길 역할을 하게 됩니다. 세상에는 너무나 많은 데이터들이 널려 있습니다. 인터넷 등 정보매체의 발달로 우리가 정보를 소화할 수 있는 한계를 이미 넘어선지 오래되었습니다. 특정분야에 대한 지식을 검색하면 새로운 정보가 끊임없이 어마어마한 양으로 쏟아져 들어온다는 것을 찾을 수 있습니다. 실질적으로 이러한 정보들을 '경험'을 통해서 내재화하기에는 물리적으로 불가능합니다. 간접적인 지식 축적, 즉 '학습'을 통해서 선구자들의 축적된 노하우를 익히고 간접적으로나마 경험을 쌓으면서 이를 내재화하는 과정을 통해 우리는 비로소 특정한 분야에 대한 '직관(통찰력)'을 드러낼 수 있을 것입니다.

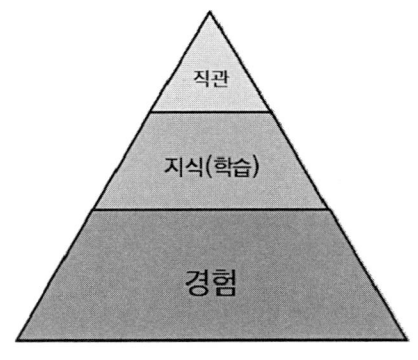

(직관은 경험과 지식의 결과)

직관과 지식을 적절하게 활용하는 것은 세상 모든 일에 적용됩니다. 그러니 보고서를 쓰는 일도 마찬가지입니다. 경험을 쌓고 지식으로 무장했을 때 직관은 반드시 드러나게 됩니다. 경험을 쌓는 방법도 있고 지식을 쌓는 방법도 있습니다. 경험을 쌓는 것은 하고자 하는 일에 대해 생각으로만 머물지 않고 스스로 손을 들고 찾아나서는 행위에서 비롯될 것이며, 지식은 주변 경험자를 찾아 조언을 듣거나 관련서적을 찾아 책을 펼치는 것에서부터 시작될 것입니다.

그러면 직관을 얻는 것이 위 두 가지 방법 말고 다른 것은 없을까요? 아쉽게도 직관의 능력을 키우는 다른 방법은 없습니다. 우리에게는 그저 배움의 자세로 '경험'을 쌓으며, 책과 사람을 통해 간접경험을 하며 '지식'을 쌓는 것(학습)만이 직관을 가지는 유일한 길이 될 것입니다.

아는 만큼 보인다, 아는 만큼 쓸 수 있다.

내가 판단할 수 있는 것은 내가 아는 것에 대해서 뿐이다.
- 데카르트

직장상사와 경영진이 나에게 무엇을 원하는지 파악하기 위해서는 그들의 눈높이만큼 나의 수준을 맞춰야할 필요가 있습니다. 사원, 대리는 과장의 눈높이에서 생각하고, 과장, 차장은 부장, 임원의 눈높이에서 생각을 해야 상사가 생각하는 보고서의 수준에 어느 정도 가까이 다가갈 수 있을 것입니다. 남들과 다른 보고서, 자료의 요건 중 하나는 상사나 경영진이 쓰는 용어를 제대로 알고 그들이 원하는 바를 작성하라는 것입니다.

영어 공부할 때 모르는 단어는 열 번 스무 번 들어도 모릅니다. 단어를 익히고 암기하고 읽을 수 있어야 그 단어를 들을 때 어떤 의미인지 정확히 파악할 수 있습니다. 앞서 '상사의 뇌 구조' 장(chapter)에서 봤듯, 상사와 나의 생각의 차이를 줄이기 위해서는 그들이 쓰는 언어에 대해 공부하여 그들의 눈높이와 관심사를 맞추어 글을 작성해야 합니다.

IRR(내부수익률), NPV(순현재가치), ROI(투자자본수익률), 손익분기점(BEP), 감가상각, 고정비/변동비, 원가민감도, 적정재고, 매트릭스조직, 핵심역량, VOC(Voice Of Customer), 리스크관리, 리엔지니어링, LOB(Line of Balance), CP(Critical-Path), 병목현상(Bottleneck), 마케팅믹스, 차별화전략, 제품수명주기(PLC), 품질비용(COQ, Cost Of Quality), QCD(Quality, Cost, Delivery), 전사적자원관리(ERP), JIT(Just In Time), 서비스, 전략, 시뮬레이션, 가치흐름지도(Value Stream Mapping), 맨아워(Man-hour), 단계별 점검과정(Stage gate), 아웃소싱, ……

위에 쭉 나열한 용어들은 제가 근래에 보고서를 작성하면서 사용한 것과 업무상 떠오르는 단어들을 생각해서 적은 것입니다. 위 용어들이 어느 정도로 익숙하게 다가오는지요? 지금 몸담고 있는 업무분야마다 차이는 있겠지만 위 용어 중에서 몇 개 정도를 자신 있게 주변 사람들에게 설명할 수 있는지, 그리고 몇 개 정도를 평소 대화에서 자주 사용하고 있는지를 한 번 살펴보시기 바랍니다. 특정 분야의 전공자만이 알 수 있는 단어는 결단코 아니라고 생각됩니다. 물론 각 용어에 대한 지식의 깊이가 다를 수는 있습니다만 전혀 들어보거나 본 적이 없는 용어라면 이제부터라도 관심을 가지고 시간을 내어 공부를 해야 한다는 점을 강조하고 싶습니다.

현장에서 뛰어다니기도 바쁘고 실제로 내가 하는 일에 위의 용어를 몰라도 아무런 지장이 없다고 주장할 수 있습니다. 맞는 말입니다. 잘 모른다해서 회사 생활하는데 단기적으로는 그다지 큰 영향을 주지 않을 것입니다. 단지 직장상사는 그걸 모르는 당신에게 그 작업을 시키려고 하지 않을 것이고 당신이 잘 모르는 사이 누군가는 그 일을 하고 있을 것입니다. 다른 직장동료에게 정보는 계속해서 집중되고 (그 누군가는 피곤하고 힘들다고 할 수 있겠지만) 그의 역량과 업무 범위는 그렇게 넓혀가고 있다는 사실을 모두 알고 있어야 합니다. 그리고 시간이 더 흘러가면 경영진의 용어를 모르는 사람이 다음 경영진의 후보 자리에 올라올 일은 아예 없을 것입니다.

지금 하고 있는 업무가 경영이 아닌 기술 분야라 할지라도 기업의 존재 이유인 이익 창출을 실현하기 위한 집단의 한 사람이라면 최소한의 경영지식을 알고 있어야 할 것입니다. 기술 분야에서 연구원(개발자)이 가끔 하소연합니다. 기술개발에 집중하고 빨리 실험 데이터를 확인하고 싶은데 위 사람은 그 기술개발이 회사 이익창출에 어떻게 기여하는지, 수익률은 얼마인지, 연간 예상수익은 어느 정도인지, 투입된 예산이 얼마이며 투자 경제성은 얼마로 보는지 등 너무 많은 보고서를 요구하여, 이를 작성하느라 일을 제대로 할 수 없다고 불만을 쏟아냅니다. 이런 업무구조 자체에 문제가 없다고는 할 수 없겠지만 벤치마킹되는 이상적인 해외기업 모델을 당장 따라갈 수 없는 것이 현실이라면 우리는 그 보고서 업무를 효율적으로 그리고 효과적으로 처리해야 한다는 것에는 동의할 것입니다.

경영진은 개발자들이 하는 일이 회사의 이익창출에 어떤 형태로 기여하고 있으며 어떤 상관관계를 보여줄 수 있는지를 고민하고 있을 것입니다. 이것은 경영진이 연구개발(R&D)을 바라보는 핵심포인트입니다. 경영진이 지시하는 바를 이해하고 경영진이 요구하는 보고서를 작성하는 것도 내가 알고 있는 지식범위 내에서 밖에 이뤄질 수 없을 것입니다. 경영진과 나의 지식수준에 큰 차이가 있으면 요구한 질문에 맞는 답이 나오기는 어려울 것입니다. 아느냐 모르느냐의 차이가 역량의 차이로 인식될 터이니 직급이 높아질수록 당연히 더 많은 공부를 해야되는 것입니다.

저도 공학계열 출신이기에 신입사원 시절로 거슬러 올라가본다면 아까 나열한 단어 중에서 들어본 단어가 겨우 한 손으로 꼽을 정도인 것 같습니다. 학창시절 경제신문을 즐겨 읽고 주말신문에 쏟아지는 신간서평 중에 추천 비즈니스 관련 서적을 찾아 읽었던 경험이 경제, 경영, 비즈니스전략 분야에 관심을 갖게 해주었고 실제 회사 업무에도 직·간접적으로 도움이 되었습니다. 그리고 업무보고서를 작성하면서 하나씩 활용했던 단어들 덕분에 기획보고서와 자료작성에 많은 관여를 하게 되었습니다. 이러한 경험이 축적되면서 작게나마 몸을 담고 있는 팀에서 동료들과의 차별화된 경쟁력을 갖게 되었고 다시 저는 그 경쟁력을 유지하기 위해 계속해서 관련 공부를 하게 되면서 자연스럽게 역량이 계속 늘어나는 선순환 구조가 자리잡게 되었습니다.

MBA 서적을 독서하듯 2~3번 읽어라

회사 업무에 전반적으로 도움이 될 만한 경영학 공부를 하고 싶다면 주저없이 MBA 기초서적을 추천합니다. 최근에는 인기가 조금 시들었지만 전통적으로 수많은 경영진들이 MBA 과정[9]을 거쳤고, 반대로 MBA를 통해 경영진의 길로 들어서기도 합니다. 답은 간단하네요. 경영진의 생각을 읽고자 한다면 MBA에서 무엇을 가르치는지 한 번 들여다 볼 필요가 있습니다.

다음 장의 목차를 살펴보면 MBA에서 배우는 내용은 모두 회사가 돌아가는데 필요한 내용들이라는 점을 쉽게 이해할 수 있습니다. 이제 MBA 관련 서적을 한두 권쯤 구입해서 편안한 마음으로 내용에 대해서 독서하듯 2~3번 읽어봅시다. 꼭 자격증이나 학위를 받기 위해서 MBA공부를 하는 것이 아닙니다. 회사 안에서 사용하는 용어를 배워, 보고서와 대화의 수준을 높이고 경영진이 되기 위한 기틀을 닦는다고 생각합시다. MBA 서적을 읽다보면 회사생활에 정말 큰 도움이 될 것입니다.

---

9) 경영전문대학원의 경영학 석사과정(Master of Business Administ-ration). 경영일반대학원의 학문적인 경영학 접근과는 다르게 실무적인 측면을 강조하여 기업경영실무를 배울 수 있다.

* 추천할 만한 MBA도서

〈10일 만에 끝내는 MBA〉 - 스티븐 실비거 (비즈니스북스)

1. 첫째 날_ 마케팅
마케팅 전략 수립 과정 | 소비자 분석 | 시장 분석 | 자사 및 경쟁기업 분석 | 유통채널 분석 | 마케팅 믹스 개발 | 경제성 평가 | 마케팅 계획의 수정
#마케팅 요점 정리, #반드시 챙겨야 할 마케팅 용어

2. 둘째 날_ 윤리학
기업의 사회적 책임 | 상대주의 | 이해관계자 분석 | 사베인스 옥슬리 법안
#반드시 챙겨야 할 윤리학 용어

3. 셋째 날_ 회계학
GAAP 원칙 | 회계의 기본 개념 | 재무제표 | 회계의 기본 구도 | 비율을 통한 재무제표 분석 | 관리회계 | 원가 계산과 활동 기준 원가 계산 | 회의적인 회계정보 소비자
#회계학 요점 정리, #반드시 챙겨야 할 회계 용어

4. 넷째 날_ 조직행동론
조직행동론의 문제 해결 모델 | 개인 및 조직 차원의 조직행동론 주제 | 조직 차원의 주제
#조직행동론 요점 정리, #반드시 챙겨야 할 조직행동론 용어

5. 다섯째 날_ 계량분석
의사결정 이론 | 현금흐름 분석 | 확률 이론 | 회귀분석과 예측 | 기타 예측 기법
#계량분석 요점 정리, #반드시 챙겨야 할 계량분석 용어

6. 여섯째 날_ 재무관리
사업의 유형 | 투자 | 재무관리 | 기업의 인수합병
#재무관리 요점 정리, #반드시 챙겨야 할 재무관리 용어

7. 일곱째 날_ 생산관리
생산관리의 역사 | 생산관리를 위한 문제 해결의 접근 방식 | 기준 및 관리 | 최근의 화제들
#생산관리 요점 정리, #반드시 챙겨야 할 생산관리 용어

8. 여덟째 날_ 경제학
미시경제학 | 거시경제학 | 국제경제학
#경제학 요점 정리, #반드시 챙겨야 할 경제학 용어

9. 아홉째 날_ 전략
  조직의 한 부분으로서의 전략 : 7S 모델 | 가치사슬과 통합 | 전략 단계 | 확장 전략 | 업계 분석 | 본원적 전략 | 경쟁전술 : 신호 | 포트폴리오 전략 | 그 외의 전략 컨설팅 | 세계화와 전략 | 시너지와 전략 | 전략적 회의론 | 전략과 손자병법 | 전략의 실행
#반드시 챙겨야 할 전략 용어

[인터넷 교보문고 제공]

작성 역량을 키우는 습관

우리가 흔히 '보고서를 끝내주게 쓰는 사람들'로 컨설턴트들을 꼽습니다. 석사, 박사 출신에 MBA까지 거치고 다양한 프로젝트를 경험하였고 컨설팅 조직을 통해 리포팅(reporting, 보고)에 대해 전문적인 트레이닝을 받았기 때문입니다. 하지만 그런 전문가라고 하여 보고서를 쓰는데 평범한 직장인들은 모르는 비장의 무기나 대대로 내려오는 비법서가 있다고 생각하지는 않습니다. 우리가 과거 컨설팅회사를 다닌 것도 아니며 MBA와 같은 전문경영수업을 받은 것도 아니기에 보고서를 잘 쓰지 못한다는 말에도 절대 수긍할 수 없다는 것입니다.

시중 서점가에서 보고서 작성 관련 도서를 살펴보면 몇 가지 주제와 일정 키워드가 비슷하게 등장합니다. '구조적사고, 로지컬씽킹(Logical thinking), MECE, 두괄식, 고객을 연구하라'입니다. 이것들은 보고서가 갖추어야 할 기본적인 요건이기 때문에 자주 등장하는 것입니다. 보고서 전문가들은 이러한 기본적인 요건들을 바탕으로 질적인 부분, 즉 어떤 내용을 어떻게 채울 것인지에 대해 더 집중적인 연구를 거듭합니다. 끊임없이 변해가는 시장환경, 최신트렌드, 대중의 관심분야, 고객의 요구 등을 연구하고 새로운 분석기법을 도입하여 보다 과학적인 데이터를 내고자 하는 것입니다.

보고서를 잘 써보고자 하는 것은 모든 평범한 직장인의 공통된 생각, 희망일 것입니다. 역량을 키우고자 한다면 목표를 세워 꾸준한 관심을 갖고 잘 쓴 보고서들을 벤치마킹하는 노력과 학습이 필요합니다. 아래에서는 이제껏 배운 보고서 작성역량 증대를 위한 습관들을 정리해보겠습니다.

1. 한 줄 메시지로 요약하는 습관

지금 진행하고 있는 업무의 현황, 생각을 글로 명문화하고 한 줄로 표현합시다. 보고 듣고 느끼고 생각한 것을 글로 표현하고 이를 다시 간결하고 정제된 용어로 압축하는 습관은 간결한 보고서, 즉 전달력 있는 글을 쓰는데 실질적인 도움이 됩니다.

지금 처리하는 업무의 문제점을 한 줄로 적는다거나 회의에서 발표자의 내용을 듣고 강평하는 경영진의 말을 한 줄로 요약하며 메모하는 습관은 대단히 유용합니다.

2. 비교하고 차이점을 찾는 습관

데이터에 대해서 비교하거나 차이점을 찾아 상관관계를 밝히는 습관을 가져야 합니다. 그리고 그 속에서 포인트를 찾아내고 차별화요소가 무엇인지 구별하고 생각해 보아야 합니다.

3. 그룹화하는 습관

한 데 모으고 이를 상위 개념의 용어로 분류하는 작업이 그룹화 작업입니다. 항상 전체를 보고 싶은 상사의 요구사항이자 누락됨이 없도록 범주를 넓히기 위해 필요한 작업이기도 합니다. 시간이 된다면 막연히 접근하기보다 마인드맵을 활용하는 것도 상당히 도움이 됩니다.

4. 전체에서 전후관계 찾는 습관

각종 사건사고, 발생한 일에 대해서 전체 현황은 어디서부터 어디까지이며 현재 눈앞의 일이 전체에서 어느 위치에 있는지를 생각해 보는 습관입니다. 일의 전후관계를 파악하면서 지금 일어난 일의 어느 위치에 있는지를 파악합시다.

5. 단어의 신상을 터는 습관

단어의 의미를 파고드는 습관입니다. 용어의 정의와 추구하는 바가 무엇인지를 밝히게 되면 이를 통해 우선순위를 세우고 이슈를 좁히고 해야 할 일이 무엇인지에 단박에 파악할 수 있습니다. 국어사전과 백과사전을 잘 활용합시다.

마치면서

경험, 학습, 직관 그리고 용기

2005년 스탠포드 대학 졸업식에서 스티브 잡스는 "여러분의 시간은 한정되어 있습니다. 그러니 타인의 삶을 살며 낭비하지 마십시오. 당신의 마음과 직관을 따를 용기를 가지십시오."라고 말했습니다. 직관의 중요성을 설파하는 많은 사람들이 있지만 한 발 더 나아가 그 중요한 직관, 아무나 가지지 못한 직관을 활용하는 것도 결국 '자신의 용기'임을 강조하였습니다.

직관은 하루아침에 생겨나지 않으며 많은 경험과 꾸준한 학습을 필요로 합니다. 그리고 직관을 갖기 위한 첫 시작은, 무엇인가 새로운 것을 시작하려는 용기, 배운 것을 활용하고자 시도하는 용기, 직관이라고 생각하는 나의 믿음을 실행으로 옮기는 용기로부터 비롯됩니다. 즉, '실행이 답입니다.'

독자 여러분께서 이 책에서 쓰인 내용을 활용하셔서 글쓰기에 대한 부담이 덜어지고, 더 나아가 직장에서 자신있게 일할 수 있게 되는 것이 제 바람입니다.

심리학으로 양념한 직관적 보고서 쓰기

초판 1쇄 2018년 5월 10일

지은이 | 유경원

펴낸곳 | 한국전자도서출판
발행인 | 고민정
주 소 | 서울특별시 중구 을지로 14길 20, 5층 출판그룹 한국전자도서출판
홈페이지 | www.koreaebooks.com
이메일 | contact@koreaebooks.com
전 화 | 1600-2591
팩 스 | 0507-517-0001
원고투고 | edit@koreaebooks.com
출판등록 | 제2017-000047호

ISBN 979-11-86799-20-8(13320)

Copyright 2018 유경원, 한국전자도서출판 All rights reserved.

본 책 내용의 전부 또는 일부를 재사용하려면 목적여하를 불문하고
반드시 출판사의 서면동의를 사전에 받아야 합니다.
위반 시 민·형사상 처벌을 받을 수 있습니다.

잘못된 책은 구입처에서 바꿔드립니다.
저자와의 협의 하에 인지는 생략합니다.
책값은 본 책의 뒷표지 바코드 부분에 있습니다.

한국전자도서출판은 출판그룹 한국전자도서출판의 출판브랜드입니다.